답은, 기도

당신이 하나님을 더 깊이 알아가고 더 널리 알리는 사람이 되는 것, 이 책에 담긴 도서출판 예수전도단의 마음입니다. 말씀을 통해 저자가 깨닫고, 원고를 통해 저희가 누릴 수 있었던 그 감동이 책을 통해 당신에게도 전해지기 원합니다. 그리고 당신을 통해 그 기쁨과 은혜가 더 많은 이에게 계속해서 흘러가기를 기도하겠습니다. 이 책을 통해 당신이 받은 은혜를 다른 분들에게도 나눠주십시오. 사랑하고 축복합니다.

ⓒ 김학중 2020

본 저작물의 저작권은 도서출판 예수전도단에 있습니다.
저작권법에 의해 보호받는 저작물이므로 무단 전재와 복제를 금합니다.

답은, 기도

글 김학중

" Prayer is

예수전도단

꿈꾸는 기도자로 세워질

_____ 님께

> 기도의 첫발을 내딛으십시오!
> 하나님을 부르십시오!
> 그 모습 그대로 입을 열어 표현할 때,
> 채워지는 응답이 있을 것입니다.

추천의 글 _____

○

누구에게나 삶은 막막하다. 든든하다 여겼던 터전이 흔들릴 때 사람은 비로소 자신이 한낱 인간에 지나지 않는다는 사실을 아프게 자각한다. "저 무한한 공간의 영원한 침묵이 나를 두렵게 한다."라는 파스칼Blaise Pascal의 말은 삶의 실상과 마주한 이의 적실한 고백이다. 그런 자각은 우리를 허무가 아니라 외경심으로 이끈다. 가없이 큰 세계 앞에 설 때 사람은 어지러워한다. 그 어지러움은 혼돈이 아니라 더 큰 세계로의 초대이다. 크고 광활한 세계는 어떤 이에게는 두려움이지만, 기꺼이 자신을 맡기려는 이들에게는 고향처럼 넉넉한 품이 된다. 우리를 온통 사로잡고 괴롭히던 일들이 사소한 것으로 드러날 때, 그렇게 집착하지 않아도 괜찮은 일임을 자각할 때 자유가 유입된다. 은총의 순간이다.

인격적인 하나님은 세상의 소리에 민감하시다. 형식을 갖추어 드리는 기도도 들으시지만, 미처 언어화되지 못한 탄식이나 신음도 '당신의 나라가 임하소서'라는 기도로 들으신다. 그리고 기꺼이 세상일에 개입하신다. 우리가 기도할 수 있는 것은 그런 하나님을 믿기 때문이다. 하나님께 엎드려 기도를 바치는 순간, 우리의 시간은 새로워진다. 영원의 빛 속에서 오늘을 보게 되기 때문이다. 그 빛 안에서 바라보면 우리를 괴롭히던 문제가 달리 보인다. 기도의 응답이란 내가 바라는 것이 다 이루어지는 것이 아니라, 하나님의 뜻 안에서 나를 다시 보게 되는 것을 내포한다.

김학중 목사는 사람들이 살아가는 현장에 민감한 목회자이다. 그들이 처한 삶의 자리에 배어 있는 아픔과 슬픔, 그리고 절망에 깊이 반응한다. 그리고 그런 상황 속에서 신앙인으로 산다는 것이 과연 무엇인지를 쉽고도 명료한 언어로 풀어낸다.

그가 기도해야 한다는 사실을 알면서도 어떻게 기도해야 할지 몰라 당황하는 이들, 왜 내 기도는 응답되지 않는지 안타까워하는 이들을 돕기 위해 쓴 이 책은 자기 믿음을 돌아보려는 모든 이에게 큰 도움이 되리라 믿는다. 기도의 상황 속으로 내몰렸던 성서 속 인물들의 이야기가 나 혹은 우리의 이야기와 다르지 않다는 사실을 확인할 때, 우리는 기도의 용기를 내게 된다. 이 책을 읽는 이들이 '바라는 것'을 얻는 기적을 넘어 '하나님의 마음'과 깊이 조우할 수 있으면 좋겠다.

김기석 | 청파교회 담임목사

○

언제나 삶이 평탄할 수만은 없다. 때로는 눈물과 고난의 시간이 다가오기도 한다. 나에게도 인생에 굴곡진 시간이 있었다. 그때마다 내가 할 수 있는 건 아무것도 없었다. 새벽마다 무릎 꿇고 기도하는 것, 그뿐이었다. 끊임없이 하나님과 나누는 대화가 유일한 소통의 창구였고, 내 감정을 터놓고 해소할 수 있는 그런 기도의 시간이 쌓이고 또 쌓여가면서 고단했던 날들을 잘 견뎌냈다고 생각한다.

하나님께서는 기도로 다져진 인생 스토리를 통해서 나를 간증자로, 강사로 세워주셨다. 그렇게 불러주셔서 찾아가게 된 집회가 바로 꿈의 교회였다. 처음에 김학중 목사님을 뵀을 때, 참 보기 드물게 깔끔하고 멋진 인상을 가진 목사님이라고 느꼈다. 아무래도 사람인지라 가장 먼저 외모가 눈에 들어오는데, 이 책은 그런 목사님의 이미지와 같이 깔끔하고 딱 떨어지는 책이다.

무엇보다 기도가 간절하게 필요한 이 시대에 가장 적합한 책이다. 기도하지 않으면 이겨낼 수 없는 상황들이 이어지는 가운데, 우리가 부족하다고 느끼는 기도에 관한 책을 써주셔서 감사하다. 기도라는 말은 알지만, 정작 기도가 무엇인지 잘 모르는 우리에게 꼭 필요한 책이다. 교회를 오랫동안 다녔어도 잘못된 기도의 습관을 갖고 있거나, 어떻게 기도해야 하는지 전혀 모르는 초신자에게도 쉽게 다가갈 수 있는 책이다. 기도하고는 있지만 과연 기도를 잘하고 있는지, 기도에 대해서 옳게 알고 있는지 점검받고 싶은 성도가 있다면, 지금 당장 이 책을 펼쳐보길 바란다.

이성미 | 방송인

차례

추천사 _08
서문 _14

Chapter. 1
어떤 기도자입니까?
Who

기도는 하나님께 _20
하나님을 알아가다 _24
죄를 인정하고 도려내다 _32
기도는 계속되어야 한다 _38
후회를 넘어 _44
삶으로 기도하다 _52
희망을 현실로 이끌어 가는 사람 _57
기도문 _64

Chapter. 2
언제, 어느 때 기도하십니까?
When

잘못을 인정하다 _68
기도의 시동이 멈추어 있다면 _73
응답을 받은 후에도 _81
가능성을 믿는다면 _87
슬플 때나 기쁠 때나 _95
결단과 다짐이 필요한 순간 _102
기도문 _108

Chapter. 3
나의 기도 자리는 어디입니까?
Where

구별된 기도의 자리 _112
기도의 시작과 끝에서 _119
우연을 기도의 계기로 삼아라 _126
슬픔을 마주한다면 _132
기적의 주인공이 되다 _141
기도문 _148

Chapter. 4
무엇을 위해 기도하십니까?
What

기도의 내용 _152
내가 아닌 너 _160
작은 차이를 위하여 _166
나의 뜻과 마음이 열납되는 것 _171
차원이 다른 기도 _177
영적인 군살을 빼라 _185
기도문 _192

Chapter. 5
왜 기도해야 합니까?
Why

그리스도인의 능력 _196
응답하시다 _202
하나님의 서프라이즈 _208
인생의 갈림길 앞에서 _214
조급함을 내어드리다 _222
두려움을 떨치다 _228
기도문 _234

Chapter. 6
어떻게 기도하고 있습니까?
How

괜찮은 척, 철든 척 말고 _238
감정의 벽을 넘어서라 _242
멈추지 말고 계속 기도하라 _249
약할 때 강함 되신다 _256
동행(同行), 동행(同幸) _264
예수님처럼 _270
삶으로 나타내는 기도 _278
기도문 _284

서문 _____

"목사님, 어떻게 기도해야 응답을 받나요? 기도를 잘하고 싶은데 몰라서 막막합니다."

어느 날, SNS^{Social Network Services}로 메시지 하나가 도착했다. 우리 교회 교인은 아니었지만, 워낙 진지하게 묻는 통에 대화를 시작했다. 그분은 자신을 '신앙생활을 오래 한 권사'라고 소개하며, 인터넷으로 내 설교를 듣다가 갑자기 궁금한 게 생겨서 찾아왔다고 했다. '무엇이 궁금하기에 날 찾아왔을까?' 하는 생각이 든 찰나, 그분이 던진 질문에 나는 그만 얼음이 되었다. 기도에 관한 위 물음이었다. 평소 깊이 생각해보지 않은 질문이었던 터라 조금은 난감하기까지 했다.

그분께 일반적인 대답을 해드린 후, 눈을 감고 내 기도 생활을 돌아보았다. 교회를 다니면서부터 기도 생활을 했으니, 기도 생활을 한 지 얼추 40년쯤 되었다. 돌아보니 그 시간동안 참 많이 기도했다. 목회하기 전부터 개인기도, 새벽기도, 철야기도, 대표기도, 목회 시작부터는 금식기도, 심방기도, 목회기도까지 여러 상황에서 기도했다. 감사해서 기도하고, 슬퍼서 기도하고, 누군가를 위해 기도하는 등 여러 이유로 기도했다. 수많은 집회를 다니며 목이 터지도록 기도를 인도했다.

그동안 일일이 세지도 못할 만큼 기도하면서, 참 많은 일이 있었다. 때로는 응답을 받지 못해서 좌절하기도 했고, 응답을 받고 감사했던 적도 있다. 그런데 응답을 받은 기도는 어떻게 해서 받은 것인지, 응답을 받지 못한 기도는 왜 받지 못한 것인지, 생각해본 적은 거의 없었다. 물론 궁극적으로 기도에 응답하시는 분은 하나님이다. 하나님의 뜻에 따라 결정되는 것이 맞다. 그러나 '하나님을 우리와 같은 인격적인 존재로 이야기할 수 있다면, 하나님께서 선호하시는 기도도 있지 않을까?'

그때부터 성경에 나오는 기도를 정리했다. '어떤 기도를 하나님께서 기뻐하셨는지, 어떤 기도는 하나님께서 왜 받지 않으셨는지, 기도는 무엇이며 왜 해야 하는지, 각각의 상황에 따른 기도는 어떻게 해야 하는지,

믿음의 선배들은 어떻게 기도했는지' 할 수 있는 수많은 질문을 던지고 정리했다. 이렇게 질문하고 정리한 지 2년여 만에 이 책으로 첫 열매를 맺는다.

성경에 나온 기도를 정리하면서 내린 결론은 바로 이것이다.
"하나님을 믿는다면 기도는 할 수밖에 없고, 하나님을 믿는다면 기도는 당연히 해야 한다."

기도는 결코 어렵거나 막막하지 않다. 그저 하나님께 우리의 마음을 솔직하게 털어놓으면 된다. 그렇게 하나님께 속마음을 털어놓을 때 필요한 구체적인 방향과 방법을 제시하고자 한다. 누군가와의 대화에서 예의와 격식을 갖추듯이, 하나님을 향한 우리의 고백도 마찬가지다. 아니, 더 하면 더했지 부족함은 없어야 한다. 중언부언하거나 주먹구구식인 사춘기 기도자에서 이제는 성장한 자녀와 같은 성숙한 기도자가 되어야 한다.

기도가 사라진 교회는 아무 일도 일어나지 않는다. 기도가 가물어버린 성도의 삶은 허무할 수밖에 없다. 그러니 이제, 기도로 다시 한번 부흥의 감격과 회복의 은혜를 되찾아야 한다. 그렇다. 답은 기도뿐이다.

특별히 이 책을 집필하는 동안 한국교회는 눈에 보이지 않는 작은 바이러스와 사투를 벌이며 큰 고비와 시련을 겪어내야 했다. 고난 가운데 하나님께 더욱 간절히 기도해야 한다는 필요성이 절실해졌다. 기도는 아는 것을 넘어 삶으로 행해져야 한다. 지금부터 당장 기도해야 한다. 이 책이 회복과 부흥의 마중물이자 기도의 길을 인도하는 등대의 역할을 감당할 수 있기를 소망한다.

2020년 4월
김학중

Chapter. 1

Who

어떤 기도자입니까?

때로는 옳은 여러 말보다
상대의 마음을 헤아리는 말 한마디가 더 설득력 있다.
상대의 마음을 헤아리기 위해서 그 상대를 잘 알아야 한다.
기도도 마찬가지다.
기도의 대상인 하나님이 어떤 분인지 잘 아는 것이 중요하다.
그래야 하나님의 마음을 바로 알고, 바른 기도를 올려 드릴 수 있다.
우리는 하나님은 어떤 분으로 알고 있는가?
우리는 어떤 기도자로 서 있는가?

기도는 하나님께

기도의 자세

몇 년 전 질병관리본부에서 내놓은 실태조사에 의하면, 사람들의 90%가 손 씻기가 중요하다는 것을 인식하고 있지만 실제로 실천하는 사람은 70%에 불과했다. 이 중에서도 약 50%는 5초 이내로 손을 씻었고, 30%가 되지 않는 인원만 비누를 사용해 손을 씻었다.

손 씻기의 중요성은 어려서부터 배웠기 때문에 모두가 잘 알고 있다. 비누로 거품을 내서 손가락 하나하나까지 30초 이상 씻으라고 배웠다. 그러나 대부분의 사람은 귀찮다는 이유로, 혹은 너무 어릴 때 배우고 안 하다 보니 잊어버렸다는 이유로 제대로 된 손 씻기를 하지 않는다.

그리스도인들에게 기도가 이렇지 않을까 싶다. 기도가 중요하다는 것은 대부분이 알고 있지만, 막상 꾸준히 제대로 기도하는 사람은 많지 않다. 그 이유는 어떻게 기도해야 하는지 배운 적이 없기 때문이다. 기도가 무엇인지, 왜 기도해야 하는지, 어떻게 기도해야 하는지 배운 적이 없으니, 아예 기도하지 않거나 기도를 해도 자신이 없다. 물론 기도에 대해 배운 적이 있고, 한때 열심히 기도했던 사람도 있다. 그런데 언제부터인지 힘들고 귀찮아서 기도하지 않다 보니, 기도가 어색해지고 잊어버리게 된다.

그러나 우리가 기도에 대해 어떻게 생각하고 기도를 어떻게 하는 것보다 중요한 것은, 반드시 기도해야 한다는 것이다. 바울은 "쉬지 말고 기도하라"(살전 5:17)라고 당부했고, 베드로도 "너희는 정신을 차리고 … 기도하라"(벧전 4:7)라고 이야기하며 강조했다. 아브라함, 모세, 다윗, 엘리야, 그리고 예수님께서 보여주신 것처럼 기도는 모든 믿는 자가 우선적으로 생각하고 해야 할 생활이다.

그렇다면 기도가 무엇이기에 이토록 중요할까? 우리는 왜 기도해야 하며 언제, 어디서, 어떻게 기도해야 할까?

하나님께 부르짖다

> 이스라엘이 미디안으로 말미암아 궁핍함이 심한지라 이에 이스라엘 자손이 여호와께 부르짖었더라 사사기 6:6°

가나안 땅에 들어간 이스라엘 백성은 하나님의 은혜로 가나안 족속들을 물리치고 그 땅을 차지했다. 그러나 여호수아가 죽고 시간이 지나자, 다시 하나님의 은혜를 잊고 우상을 섬기기 시작했다. 그때마다 신기하게도 그들은 주변 민족의 지배를 받았다. 그럼에도 하나님을 잊은 채 우상숭배를 하다가 결국, 요르단 남쪽에 있던 미디안 족속의 지배를 받게 된다.

우리나라가 일본의 지배를 받을 때 얼마나 많은 고통을 당했는가?

미디안의 지배를 받게 된 이스라엘도 큰 고통을 당했다. 이스라엘 백성이 곡식을 심어 싹이라도 나면, 미디안 사람들이 아말렉과 주변 족속을 데리고 와서 약탈해갔다. 추수 때가 되면, 미디안 사람들이 다시 와서 남김없이 약탈했다. 곡식만 가져간 게 아니라 양, 소, 나귀 등 돈이 되는 것은 다 가져갔다. 그러니 제대로 살 수 있었겠는가? 이스라엘 백성은 미디안 사람의 눈을 피해 산이나 동굴에서 살며, 나물죽으로 연명했다. 미디안에게 맞서고 싶으나 힘이 없었다. 살아있으나 사는 게 아니었다.

이런 현실을 만났을 때, 무엇을 하겠는가? 그들은 이 고통에서 벗어나고 싶다는 생각에 자신이 믿던 가나안 신에게 갔다. 바알에게, 산신령에게, 심지어 미디안 신에게 가서 간절하게 빌었다. 간절하면 통한다고 하는데, 너무나 간절했던 이들의 삶은 나아졌을까?

> 이스라엘이 … 궁핍함이 심한지라 사사기 6:6°

전혀 나아지지 않았다. 우상에게 빌었지만, 더 큰 실패만 경험할 뿐이었다. 이제 그들은 무엇을 할 수 있을까?

> 이에 이스라엘 자손이 여호와께 부르짖었더라 사사기 6:6°

그들은 하나님께 나아와서 간절하게 부르짖기 시작했다. 다시 말하면 이제야 기도하기 시작한 것이다. 어떤 사람들은 의아해할지도 모른다. 그동안 기도하지 않았느냐고 반문할지도 모른다. 사전적 정의에 따르면 기도는 '어떤 절대적 존재에게 비는 것'을 말한다. 하지만 성경에서 말하는 기도는 다르다. 간절하게 빈다고 다 기도라 말하지 않는다. 간절히 빌되, 그 대상이 '하나님'이어야 한다. 즉, 하나님께 드려야 기도다. 이스라엘은 처절하게 실패한 뒤에 비로소 기도하기 시작했다. 하나님 입장에서는 참 기가 막힌 일이다. 말을 듣지 않던 이스라엘이 힘드니까 그제야 찾아왔다.

> 여호와께서 … 그들에게 이르되 … 나는 너희의 하나님 여호와이니 너희가 거주하는 … 땅의 신들을 두려워하지 말라 사사기 6:8-10°

하나님은 돌아온 이스라엘 백성을 괘씸히 여기지 않으셨다. 용서하셨다. 말도 안 듣고 멀리 떠났던 자식이었지만, 따뜻하게 품어주셨다. 그리고 그들을 도와주셨다. 이를 볼 때, 기도의 응답은 어떻게 받을 수 있는 걸까? 내 마음이 간절하다고, 애타게 부르짖는다고 되는 걸까? 아니다. 기도는 오직 한 분, 하나님께 나아와서 아뢸 때 응답받는 것이다.

간절한 마음에 누구라도 걸리라는 식으로 하나님 말고도 여러 신을 부른다든가, 손바닥을 앞뒤로 치고 걸으면서 주문을 외우는 것은 기도가 아니다. 편지를 쓸 때 수신자가 정확해야 편지의 효력이 있고, 대화할 때 상대방이 정확해야 효과가 있는 것처럼 들을만한 분에게 기도해야 응답을 받는다. 진짜 계신 분에게 외쳐야 기도이다.

진짜 기도하는 사람은 하나님께 나아가는 사람이다. 하나님께 부르짖고, 하나님과 대화할 때 그것이 진짜 기도이기 때문이다. 그러므로 부르짖었다는 감정에 만족하는 사람이 되지 말고, 오직 하나님께 나아감으로 놀라운 응답을 받는 기도자가 되어야 한다.

하나님을 알아가다

하나님은 누구실까

제임스 서버James Grover Thurber 1894.12.8~1961.11.2는 미국의 유머작가로 손꼽힌다. 그의 저서 중, 「Many Moons」는 1944년에 그림책 분야의 권위 있는 칼데콧The Caldecott상을 수상하며, 국내에도 여러 편이 번역 출간됐다. 책의 주요 내용은 이렇다.

어느 날이었다. 공주는 바깥바람을 맞으며 하늘에 떠 있는 달을 물끄러미 바라보았다. 달이 아름답게 느껴졌던 공주는 곧장 왕에게 달려갔다. 그리고는 아버지에게 하늘에 떠 있는 달을 갖게 해달라고 간청했다. 그러나 딸이 원하는 것이라면 못 해줄 것이 없던 왕도 달은 따줄 수 없었다. 왕과 왕비는 공주를 타일렀지만, 무작정 보채는 공주를 도저히 달랠 수 없었다. 왕과 왕비는 고심 끝에 당대 최고의 학자들을 불러 공주를 설득할 것을 지시했다. 학자들은 논리정연한 말로 공주를 설득하기 시작했다.

"공주님! 달은 아주 멀리 있기 때문에, 그곳에 갈 수 없습니다."

"공주님! 달은 정말 큽니다. 그곳까지 간다고 해도 갖고 올 수 없습니다."

학자들이 하는 말들은 옳았지만, 공주의 마음을 굽힐 수는 없었다. 결국, 가지고 싶은 것을 갖지 못한 공주는 마음에 병이 들어 몸져눕게 됐다. 왕과 왕비는 어찌할 바를 몰라 애타는 마음으로 지켜봐야 했다. 그러던 어느 날, 공주와 평소 친하게 지내던 광대가 공주를 찾아와 말을 걸었다.

"공주님, 달은 어떻게 생겼어요?"
"달은 동그랗게 생겼지."
"달은 얼마나 크나요?"
"바보야. 그것도 몰라? 내 손톱만 하지."
"그럼 달은 어떤 색인가요?"
"달이 무슨 색이겠어? 황금색이지."
"그럼 공주님, 제가 가서 달을 따올 테니 조금만 기다리세요."

얼마 뒤 광대는 공주 앞에 다시 나타났다. 그는 진짜 달이라도 따온 걸까? 아니다. 광대가 공주에게 건넨 것은 진짜 달이 아닌 손톱만한 크기의 동그란 황금빛 구슬이었다. 그런데 그 구슬을 본 공주는 몹시 기뻐하며 흡족해했다. 광대는 진짜 달을 가져오지는 못했지만, 공주가 원하는 게 무엇인지 알았다. 공주가 어떤 사람인지 잘 알고 있었기 때문에 그 마음을 제대로 읽을 수 있었다.

이처럼 때로는 합리적이고 옳은 말보다, 상대방의 마음을 헤아리는 말이 설득력 있다. 기도도 마찬가지이다. 기도할 때 하나님이 어떤 분인지 잘 아는 것이 중요하다. 그래야 하나님의 마음을 바로 알 수 있고, 효과적으로 기도할 수 있기 때문이다. 우리는 하나님을 어떤 분으로 알고 있는가?

선물은 이미 준비되었다

아합 가문이 다스리던 북이스라엘에 쿠데타가 일어났다. 그러자 막강했던 아합 가문이 무너지고 새로운 왕이 세워진다. 바로 군대장관 예후였다. 예후를 왕으로 세운 배후세력의 중심에는 엘리사가 있었다. 엘리사는 예후가 왕으로 세워지면, 이스라엘이 다시 하나님 앞에 돌아올 것이라 기대한 것이다. 그러나 엘리사의 기대는 곧 무너졌다. 예후는 하나님을 의지하지 않았다. 앗수르와 같은 강대국을 신뢰하고 따랐다. 정치적인 이유로 산당들을 그대로 두고, 백성의 우상숭배를 방치했다. 이러한 모습은 그의 아들 여호아하스 뿐 아니라, 그의 손자인 요아스도 본받게 된다.

결국, 하나님께서는 그들을 징계하시기로 한다. 강대국이던 아람을 일으켜서 그들의 영토를 빼앗으시고, 군대를 전멸시키셨다. 북이스라엘은 한순간에 지방의 한 군소국가로 전락하며, 바람 앞의 등불 신세가 되었다.

그러던 어느 날, 왕궁에 급한 소식이 날아들었다. 영원할 것 같던 엘리사가 곧 죽을 것이라는 소식이었다. 요아스 왕은 엘리사를 오랫동안 외면하며 잊고 지냈다. 그러나 절체절명의 위기 상황에 엘리사마저 세상을 떠날 수도 있다는 사실은 왕을 불안하게 했다. 두려움을 느낀 왕은 급히 그를 찾아갔다. 힘없이 누워있는 엘리사 앞에 무릎을 꿇고 눈물을 흘리며, 간절하게 부르짖었다.

> 내 아버지여 내 아버지여 이스라엘의 병거와 마병이여
>
> 열왕기하 13:14°

요아스는 왜 이렇게 부르짖었던 걸까? 학자들은 이를 두고 믿음과 존경의 표시라고 말하기도 한다. 그러나 요아스의 부르짖음에는 절박하고 간절한 기도가 담겨 있다. 수십 년 동안 하나님의 부름에 불순종했던 왕이지만 엘리사가 떠난다는 생각이 들자, 온 마음을 다해 부르짖으며 하나님을 찾았다. 이 모습을 바라보시는 하나님의 심정은 어땠을까?

> 활을 잡으소서 … 엘리사가 자기 손을 왕의 손 위에 얹고 … 동쪽 창을
> 여소서 … 쏘소서 … 이는 … 구원의 화살이니 열왕기하 13:16-17°

돌아온 그를 꾸짖거나 외면하지 않으셨다. "이는 구원의 화살이니"라고 말씀하시며 구원을 약속하셨다. 요아스는 하나님을 오랫동안 불신하고 외면한 사람이었다. 그러나 그가 다시 돌아와 기도할 때, 받아주셨다. 하나님은 이런 분이다. 하나님과 멀어졌을 때도 다시 돌아와 기도하면, 우리에게 응답하시고 손잡아주신다. 우리는 삶에서 이런 하나님의 성품을 깨닫고 경험해야 한다.

이스라엘의 구원을 약속하신 하나님은 엘리사를 통해 요아스에게 한 가지를 시키셨다. 무릎을 꿇게 한 뒤, 화살을 잡게 했다. 그리고 화살을 손에 쥐고 땅을 치고 싶은 만큼 치게 했다. 이 화살은 아람과의 전투에서 구원할 승리의 화살이었다. 요아스는 절박한 만큼, 하나님의 구원을 간절히 바라는 만큼, 땅을 몇 번이고 내리쳐야 했다. 과연 그는 몇 번이

나 땅을 쳤을까? 형식적으로 세 번 치고는 그만두었다. 이 모습을 본 엘리사는 탄식하며 분노했다.

> 왕이 대여섯 번을 칠 것이니이다 그리하였더면 왕이 아람을 진멸하기까지 쳤으리이다 그런즉 이제는 왕이 아람을 세 번만 치리이다 하니라 열왕기하 13:19°

믿음 없이 세 번만 땅을 내리친 요아스는 책망을 받았다. 그리고 하나님은 그의 믿음만큼 3번만 이기게 하셨다.

하나님은 이스라엘을 구원하기 위해 모든 것을 준비해놓으셨다. 그러나 요아스는 이 사실을 알지 못했고, 온전히 믿지도 못했다. 만약 하나님이 모든 것을 준비해놓으셨음을 알았더라면 과연 세 번만 땅을 쳤을까? 아니다. 그는 화살을 붙들고 간절하게 기도했을 것이다. 이처럼 하나님의 선물은 이미 준비되었다. 우리가 손을 내밀기만 하면 된다. 우리가 그 하나님을 잘 모르고 믿지 못하기에 받지 못하는 것이다.

한편, 어느 날 한 여인이 엘리사를 찾아왔다. 그 여인은 빚을 갚지 못해 두 아이를 빼앗길 수밖에 없는 곤경에 처해있었다. 엘리사는 여인에게 집에 무엇이 있는지 물었다. 그러자 여인은 기름 한 그릇이 있다고 답했다. 엘리사는 여인에게 이제부터 이웃집을 다니며 빈 그릇을 빌릴 수 있는 대로 빌리라고 지시했다. 그리고 집의 문을 닫고 모든 빈 그릇에 기름을 부으면, 그릇에 기름이 가득 찰 것이라고 얘기했다. 너무 황당한 이야기다. 그러나 이 여인은 순종했다.

> 그릇을 그에게로 가져오고 그는 부었더니 그릇에 다 찬지라
>
> 열왕기하 4:6

　엘리사의 말대로 순종하자, 그릇에 기름이 가득차기 시작했다. 여인은 엘리사의 말을 의심하지 않았다. 믿고 행했다. 하나님이 준비하셨음을 믿었기 때문이다. 그 결과, 여인은 모든 빚을 갚게 된다. 두 아들을 지킬 수 있게 되었고, 남은 돈으로 생활을 꾸려가게 된다.

　지금도 하나님은 우리에게 가장 필요한 것, 가장 좋은 것을 주기 위해 기다리고 계신다. 이미 준비해 놓으셨다. 이것을 믿는다면, 이제 사람이나 세상을 찾지 말고 하나님께 나아가 기도해야 한다. 그때, 하나님께서 준비하신 것을 받아 누릴 수 있다.

한 순간도 떠나지 않으시는 하나님

엘리사는 결국 세상을 떠났다. 고대 이스라엘은 자연 굴이나 바위를 인위적으로 파서 무덤을 만들었다. 그러다 사람이 죽으면 하루 안에 염을 하고, 수의를 입혀서 무덤에 놓았다. 시간이 흐른 뒤, 뼈만 남으면 그 뼈를 모아서 항아리에 넣어두었다. 엘리사의 장례도 그렇게 치러졌다. 시간이 흐르자, 제자들이 그의 뼈를 모았다.

　엘리사가 죽고 새해가 된 지 얼마 안 된 날이었다. 모압의 도적 떼가 이스라엘 마을을 습격했다. 때마침 시신을 운구하던 무리는 이 도적 떼와 맞닥뜨렸다. 약탈하려는 사람들이 장례 중인 사람을 해칠 리 없었지만, 무리는 겁에 질려 시신을 무덤에 내던지고 도망갔다.

시체가 엘리사의 뼈에 닿자 곧 회생하여 일어섰더라 열왕기하 13:21 °

얼마나 다급했는지, 던져진 시신이 엘리사의 뼈가 담긴 항아리를 쳤다. 그런데 그 뼈에 닿자마자, 시신이 다시 살아났다. 어떻게 이런 일이 일어날 수 있었을까? 이 사건을 보며 사람들은 엘리사가 참 위대했다고 말한다. 그러나 엘리사가 대단한 것이 아니다. 시신을 살린 것은 하나님이시다. 하나님은 왜 시신을 살리신 것일까? 이스라엘 백성에게 주시고자 한 메시지가 있었기 때문이다.

엘리사가 죽으면서 이스라엘 사람들은 다시 하나님을 외면했다. 하나님은 자신을 외면하는 그들과 여전히 함께하시며 결코 떠나지 않으신다는 사실을 알려주기 위해, 기적을 보여주셨다.

하나님은 지금도 우리와 함께 계신다. 우리가 그분을 떠난다고 할지라도, 그분은 한순간도 우리를 떠나지 않으시는 임마누엘 하나님이시다. 그분이 우리의 하나님이심을 믿을 때, 무슨 일이든 기도로 이겨낼 수 있다.

베트남 축구대표팀 박항서 감독은 2018년 스즈키컵^{AFF Suzuki Cup}에서 베트남을 10년 만에 우승시키며 베트남 최고의 인기스타로 떠올랐다. 이 때문에 베트남에서 한국인이라고 말하면 대우가 다르다고 할 정도이다. 그런데 박항서 감독이 늘 성공했던 것은 아니다.

그는 2002년에 월드컵 국가대표팀 코치를 맡았다. 그 뒤 아시안게임 감독을 맡았으나 실패하고, 이후에도 여러 클럽의 감독을 맡았지만 이렇다 할 성과를 내지 못했다. 심지어 신뢰하던 선수로부터 배신당하는 일도 있었다. 박 감독이 처음부터 베트남에 가고 싶었던 것은 아니다. 여러 번의 실패로 국내에 설 자리가 없어지자, 울며 겨자 먹기로 가게 된 것이다. 그러나 그가 그렇게 힘들 때에도, 낙심하지 않고 붙들었던 것이 있다. 하나님이 자신과 함께 하신다는 사실이었다. 그는 그 사실 하나만 의지하며 기도했다. 기도하며 최선을 다했고, 결국 놀라운 성과를 이뤄냈다.

하나님은 성경 속에만 계신 분이 아니다. 지금도 우리와 함께하시고 앞으로도 영원히 함께하실 것이다. 그 하나님을 믿고 있는가? 그렇다면 이제는 주님의 옷자락을 꼭 붙들어야 한다. 기도하며 하나님을 붙들 때, 하나님께서 우리 삶 가운데 친히 개입하시고 우리를 이기게 하실 것이다.

죄를 인정하고 도려내다

말씀의 거울로 보다

BC 586년 남유다 왕국이 망하면서 수많은 사람이 바빌론으로 끌려갔다. 그 후 약 50년이 지나 페르시아가 바빌론을 멸망시키고 나서야 다시 본토로 돌아오게 된다. 그때 돌아온 포로들이 제일 먼저 한 일은 성전을 재건하는 것이었다. 주변 민족의 방해로 어려움을 겪기도 했지만, 그것들을 이기고 20년 만에 성전을 세웠다.

그리고 60년이 흐르자 그곳엔 바빌론에서 돌아온 1세대가 죽고, 유대 지역에서 태어난 2~3세대가 공동체의 중심이 됐다. 포로생활 후에 힘들게 성전을 세웠던 1세대와는 달리, 2~3세대는 큰 어려움을 겪지 않았다. 그래서 예배를 소홀히 하고, 율법도 신경 쓰지 않았다. 이러한 유대 2~3세대를 위해 하나님이 한 사람을 들어 쓰시는데, 그가 바로 에스라 제사장이다.

그는 페르시아에 사는 유대인 동포들에게 율법을 가르치고 있었다. 그러던 어느 날 황제가 명령을 내린다.

"너는 예루살렘에 가서 성전을 정비하고, 그 주민에게 율법을 가르치라."

명을 받은 에스라는 페르시아에 있던 레위인, 성전 일꾼, 제사장들과 함께 떠나서 석 달 반 만에 예루살렘에 도착했다. 그리고 그는 도착하자마자 제사장, 레위인들과 성전을 정비했다. 또 율법을 잘 모르는 2~3세대 유대인들에게 매주 율법을 가르쳤다. 그렇게 4개월이 지난 어느 날이었다.

> 방백들이 … 이르되 이스라엘 백성과 제사장들과 레위 사람들이 이 땅 백성들…의 딸을 … 아내와 며느리로 삼아 … 방백들과 고관들이 이 죄에 더욱 으뜸이 되었다 하는지라 에스라 9:1-2 。

유대 공동체를 이끌던 지도자들이 에스라에게 보고했다.

"선생님! 현재 많은 백성이 이방인들과 혼인하고 있습니다. 선생님이 가르치신 율법에는 이방인과의 결혼을 금하는데, 어떻게 해야 합니까?"

실제로 신명기에 보면, "네 딸을 그들의 아들에게 주지 말 것이요 그들의 딸도 네 며느리로 삼지 말 것은 그가 네 아들을 유혹하여 … 다른 신들을 섬기게 하므로"라는 구절이 나온다. 이 율법을 기억한 지도자들이 어떻게 해야 하는지 물은 것이다.

이제 막 분위기가 좋아지고 회복되는 찰나에, 그들을 불편하게 하는 말은 피하고 싶었을지 모른다. 잘하고 있다며 칭찬하고 좋은 말만 하고 싶었을지도 모른다. 민감한 결혼 문제를 건드려서 분위기를 깰 필요가 없었다. 그러나 에스라는 달랐다.

> 내가 이 일을 듣고 속옷과 겉옷을 찢고 머리털과 수염을 뜯으며 …
> 내가 저녁 제사 드릴 때까지 기가 막혀 앉았더니 _에스라 9:3-4_°

이야기를 들은 에스라가 옷을 찢고 괴로워하며 한참을 앉아 있다가, 성전에 가서 통곡하며 회개기도를 드리기 시작했다. 무엇이 그를 움직이게 했을까? 무엇이 그에게 하나님 앞에서 통곡하며 사죄하는 마음을 주었을까?

> 하나님의 말씀으로 말미암아 떠는 자 _에스라 9:4_°

그는 하나님의 말씀 앞에 섰기에 두렵고 떨렸다. 하나님의 말씀 앞에서 자신의 부족한 모습을 보았기 때문이다. 그렇기에 사람들의 분위기도, 정치적인 관계도 신경 쓰지 않았다. 오직 하나님의 말씀을 거울삼아 자신과 공동체를 비추어 보았고, 그 모습이 너무 부끄러워 하나님 앞에 회개할 수밖에 없었다. 그러니 하나님께서 에스라의 기도를 얼마나 기쁘게 받으셨겠는가!

선생님의 입장에서 어떤 학생이 제일 예쁠까? 교우 관계가 좋은 학생보다, 공부를 잘하는 학생보다, 수업시간에 수업을 열심히 듣고 그것을 기록하고 기억하며 다음 수업을 준비하는 학생이다. 하나님도 그렇지 않을까? 물론 하나님은 당신의 모든 자녀를 사랑하신다. 그런데 그중에서도 하나님의 말씀을 어떻게든 기억하려는 사람, 그 말씀을 거울삼아 자신을 돌아보는 사람, 말씀을 통해 자신의 잘못과 연약함을 고백하고 새로운 삶을 결단하는 에스라 같은 사람, 바로 이런 사람을 기쁘게 여기시고 그의 기도에 응답하실 것이다.

　나의 삶을 무엇에 비추어 평가하고 있는가? 내 느낌 혹은 사람들의 평가에 비추어 평가하고 있는 건 아닌지 돌아봐야 한다. 에스라처럼 오직 말씀이 삶을 비추는 거울이 되고, 말씀에 따라 회개함으로 새로운 삶을 살아가는 인생이 되어야 한다.

변화됨으로 서다
에스라의 기도내용을 보면 그저 '죄송합니다, 잘못했습니다'와 같은 내용이 아니다. 성경에 나온 역사 이야기, 그 안에 있는 하나님의 은총을 정리하며, 하나님이 얼마나 좋은 분인지 또한 그분을 거역하는 일이 얼마나 잘못된 것인지를 고백했다. 그리고 에스라가 말씀에 의해 기도하자, 사람들이 몰려오더니 함께 통곡하며 기도했다. 그의 기도를 들은 사람들의 마음이 열린 것이다. 그렇게 한참을 기도하던 중, 스가냐라는 사람이 에스라에게 이야기한다.

> 엘람 자손 중 여히엘의 아들 스가냐가 에스라에게 이르되 … 이 모든 아내와 그들의 소생을 다 내보내기로 … 율법대로 행할 것이라 … 일어나소서 우리가 도우리니 힘써 행하소서 하니라 _에스라 10:2-4_ °

　에스라는 스가냐의 제안에 따라, 이 문제를 본격적으로 처리했다. 모든 유대인에게 죄를 끊겠다는 맹세를 받은 후 3개월간 실태조사를 했다. 조사 결과, 일반 백성 86명, 율법을 지켜야 할 제사장 18명, 율법을 아는 레위인 및 성전일꾼 10명이 이방인과 결혼을 했다. 에스라는 그들을 불러 속죄 제사를 지내게 하고, 이방 여인과 그 여인에게서 낳은 자식을 공동체에서 추방함으로 문제를 해결했다.

우리는 에스라의 회개기도에서 기억해야 할 것이 있다. 말씀에 의한 기도는 단순히 창세기부터 계시록까지 훑으며 내뱉는 기도가 아니다. 반드시 기도의 내용대로 변화된 삶을 시작해야, 기도가 완성된다. 또한 여기서 기도내용과 같은 삶을 위해 해야 할 것이 있다. 아파도 인정하고 도려내야 한다는 것이다. 에스라에게 민족의 죄를 해결하도록 제안한 스가냐가 그런 사람이다.

성경은 그를 엘람 사람 여히엘의 아들이라고 말한다. 그런데 여히엘은 이방여인과 결혼한 사람이었다.

> 엘람 자손 중에서는 맛다냐와 스가랴와 여히엘과 압디와 여레못과 엘리야요. 에스라 10:26°

다시 말해, 스가냐는 이방 여인과 결혼한 아버지를 두었다. 그뿐만 아니라 삼촌, 사촌, 형, 동생 중에도 그런 사람이 많았다. 즉, 자칫하면 자기 가족이 모두 창피를 당하고 깨질 상황이다. 그런데도 스가냐는 에스라에게 이 죄를 해결하자고 먼저 제안했다. 왜냐하면 창피를 당하고 수치를 당하더라도 잘못된 것은 인정하고 도려내야 한다는 것을 알았기 때문이다. 그리고 이러한 스가냐의 각오가 공동체 전체를 진심으로 회개하게 했다.

내 팔이 썩어 가는데 팔이 아깝다고 그대로 두면 생명이 위험해진다. 아파도 인정하고 도려내야 생명이 보전된다. 영혼도 그렇다. 물론 포기하기에 아까운 것이 있다. 차라리 모른 척하면 마음이 더 편한 것이 있다. 그러나 그 마음을 이겨내고, 하나님 앞에 인정하며 도려내야 하나님이 받으시는 회개가 된다.

지금까지 우리의 회개는 어떤 모습이었을까? 잘못된 것을 알면서도 창피당할 것이 두려워, 혹은 공동체의 평화를 위한다는 생각으로 묻어둔 죄는 없는가? 그렇다면 이제는 회개해야 한다. 사람들 앞에 창피를 당하는 것이 힘들고 괴로워도 그를 통해 변화되어야 한다. 변화됨으로 하나님 앞에 바로 서는 것이 우리에게 복된 길이다. 진정한 회개를 통해 하나님이 원하시는 기도자로 거듭나야 한다.

기도는 계속되어야 한다

기도를 즐겨라

한 설문조사 기관에서 14~19세 청소년에게 언제 빨리 어른이 되고 싶은지 물었다. 1위가 "돈이 없어서 원하는 것을 살 수 없을 때", 2위가 "성적 때문에 혼나고 밤늦게까지 학원에서 공부할 때"였다. 어른이 되고 싶은 대다수의 이유는 하기 싫은 것을 안 하고, 하고 싶은 것은 마음대로 할 수 있을 것이라는 생각 때문이다.

과연 어른이 되면 하고 싶은 대로 할 수 있을까? 아이들은 어른이 되면 하기 싫은 공부를 안 해도 된다고 생각한다. 그러나 그렇지 않다. 대학교 도서관, 노량진 고시촌만 보더라도 20대 중후반의 학생들이 취업하기 위해 계속 공부한다. 그렇다면 취직하고 나선 공부를 안 해도 될까? 회사를 다니더라도 뒤처지지 않고 승진하려면 끊임없이 공부해야 한다. 어른이 되면 하지 않을 줄 알았던 공부는 성인이 되어서도 계속된다. 공부는 피할 수 없는 평생 과제이다. 공부가 피할 수 있는 것이 아니라면, 아이들에게 무엇을 가르쳐야 할까? 공부를 즐길 수 있도록, 잘 안

내해야 한다.

　기도 역시 마찬가지다. 하기 싫다고 하지 않으면, 하나님과의 거리가 멀어진다. 힘들더라도 계속해서 기도해야 한다. 기도도 피할 수 없는 것이라면 즐기면서 해야 한다. 그러나 아무리 들어도 자꾸만 잊어버리고, 실천하기도 어렵다.

　하루는 한 권사님이 찾아와 물었다. 기도를 언제까지 해야 하는지, 혹시 천국에 가면 기도를 안 해도 되는지 말이다. 결론부터 말하자면 천국에서도 기도는 계속된다. 아니 천국에서는 세상에서보다 더 열심히 기도한다. 그래서 우리는 기도로 천국을 준비해야 한다. 그렇다면 천국에서는 어떤 기도를 드리는가? 천국에 가서 함께 기도하는 사람이 되려면 무엇을 준비해야 하는가? 천국 백성이 되기 위해 필요한 기도는 무엇일까?

중보하는 사람이 되라

요한계시록의 저자는 예수님의 열두 제자 중 한 사람이던 사도 요한이다. 요한은 오순절 날 성령을 받고, 이때부터 복음을 전하면서 교회를 세우고 성도들을 양육했다. 처음에는 예루살렘 교회를 섬겼고, 예루살렘이 망한 뒤에는 에베소에 가서 소아시아의 교회들을 섬겼다. 요한은 특별히 이단과 맞서면서 사랑의 예수님을 강조했다. 그렇게 사역하는 동안 교회를 둘러싼 상황도 많이 달라졌다. 초대교회가 처음 생길 때만 해도 교회의 가장 큰 적은 유대인이었다. 그러나 유럽에 복음이 전해지면서 교회의 적은 로마 제국으로 바뀌었다.

　네로의 박해에 교인들은 놀랐지만, 그것은 사실 시작에 불과했다. 도

미티아누스가 로마 제국의 황제로 등극하자, 그는 로마 전역에 자신을 신으로 숭배하는 법령을 선포했다. 그리고 이를 거부하는 유대교와 기독교를 탄압하기 시작했다. 이때 에베소에서 목회하던 사도 요한은 로마 당국에 의해 체포됐다. 많은 교인의 눈물을 뒤로하고, 요한은 당시 정치범 수용소로 악명 높았던 밧모 섬에 끌려가 채석장에서 노역을 했다. 당장 언제 죽을지 알 수 없었고, 교인들의 생사도 알 수 없었다. 요한은 자신과 교회가 마주하게 된 현실에 너무나 힘들었다.

예수님은 승천하시면서 "내가 끝날까지 너와 함께 하리라" 약속하셨다. 그러나 현실은 어떠한가? 교회가 무너지고 있었다. 요한은 주님의 약속대로 이길 수 있을지, 믿음과 의심 사이에서 고민했다. 요한은 현실에 너무 지쳐 있었다.

이때, 예수님이 천상의 영광스러운 모습으로 나타나셔서 천국을 보여주신다. 요한은 그곳에서 하나님을 보좌하며 천국을 지키는 네 생물을 만났고, 하나님께 믿음을 인정받은 24명의 장로가 하나님을 찬양하는 것을 보게 된다. 요한이 보좌에 앉으신 하나님을 보는데, 그 오른손에는 인류 역사에 대한 하나님의 마지막 계획이 들어 있는 두루마리가 있었다. 누가 그 두루마리를 받아서 하나님의 계획을 이루게 할 수 있을지, 그 일을 감당할 만한 사람이 보이지 않았다. 그런데 한 장로가 상처로 뒤덮인 어린 양 한 마리를 가리켰다. 어린 양은 하나님께 가서 오른손에 있던 두루마리를 집어 들었다. 바로 그때, 놀라운 일이 일어났다.

네 생물과 이십사 장로들이 그 어린 양 앞에 엎드려 각각 … 향이 가한 금 대접을 가졌으니 이 향은 성도의 기도들이라 요한계시록 5:8 °

하나님을 보좌하던 네 생물과 24명의 장로가 어린 양 앞에 엎드렸다. 그리고는 어린 양을 향해서 향이 가득한 금 대접을 들어 올렸다.

이 향은 성도의 기도들이라 요한계시록 5:8 °

네 생물과 24명의 장로가 들어 올린 향을 성도들의 기도라고 말한다. 즉, 그들이 향이 담긴 대접을 들어 올린다는 것은 성도들의 기도를 주님께 다시 드리는 것을 의미한다. 성도들을 위한 중보기도를 드리는 것이다. 천국은 어떤 곳일까? 원하는 것을 다 얻을 수 있는 곳인가? 쾌락이 넘치는 곳인가? 아니다. 이 땅의 성도들을 위한 중보기도가 끊임없이 올려지는 곳이다.

그렇다면 천국의 백성이 되려면 무엇을 해야 하는가? 남을 위해 중보해야 한다. 그러나 중보기도는 쉽지 않다. 나를 위한 기도는 할 수 있어도 다른 사람의 기도를 하는 것은 어렵다. 그러나 하나님이 바라시는 성도는 나만을 위해 기도하는 사람이 아니다. 하나님의 마음으로 안타까워하며 함께 기도하는 성도이다. 그런 기도자가 될 때, 천국 백성이 될 줄 믿는다.

세계적으로 가장 영향력 있는 가수를 꼽으라면 비틀즈The Beatles를 빼놓을 수 없다. 존 레논John Lennon과 폴 매카트니Paul McCartney는 팀의 중심 멤버였는데, 이 둘의 사이는 좋지 않았다. 그러던 중, 존 레논이 아내와 이혼한 후 한 여인과 사랑에 빠진다. 그에게는 줄리안이라는 아들이 있었기에 폴 매카트니의 마음은 불편했다. 아이를 생각한다면 외도와 이혼은 안 된다고 여겼기 때문이다. 그리고 어떻게 해야 줄리안의 상처가 아물 수 있을지 고민했다. 그때, 그의 뇌리에 글이 스치고 멜로디가 떠올랐다. 그렇게 만들어진 노래가 「헤이 쥬드Hey Jude」라는 곡이다.

줄리안은 부모의 이혼으로 힘든 시간을 보냈다. 그러나 그로부터 20년이 지났을 때, 이 곡이 자신을 위한 곡이었음을 알게 되자 자신을 진심으로 위하는 사람이 있다는 것을 깨닫는다. 그때부터 그의 상처가 아물기 시작했다. 상처받은 한 아이를 안타까워했던 폴 매카트니의 마음이 한 영혼을 회복시켰고, 이 땅의 수많은 청춘을 위로했다. 사람의 정으로도 이러한 기적이 일어나는데, 하물며 그 위로와 중보가 하나님을 통한다면 어떻겠는가? 일어나지 못할 영혼도, 위로받지 못할 영혼도 없다.

찬양의 고백을 연습하라

요한은 지금까지 많은 환상을 보았음에도 신기했다. 작은 믿음의 간구까지도 하나님께 올라간다는 것과 천국에서 그 기도를 놓고 중보한다는 것에 놀라움을 느꼈다. 네 생물과 스물 네 명의 장로들이 금 대접을 들어서 어린 양에게 기도의 향을 바치자, 어린 양은 기도의 향을 받았다. 그러자 그들은 금 대접을 내려놓고 하프를 잡더니 이전에 없던 새로운 노래를 부르기 시작했다.

> 일찍이 죽임을 당하사 ⋯ 사람들을 피로 사서 하나님께 드리시고 그들로 ⋯ 나라와 제사장들을 삼으셨으니 그들이 땅에서 왕 노릇 하리로다 요한계시록 5:9-10 °

노래가 끝나자, 하나님의 보좌를 둘러쌌던 천사들이 화답하듯 찬송했다. 이어서 하늘과 땅과 바다와 모든 피조물이 노래했고, 네 생물이 아멘으로 화답하며, 24명의 장로들이 다시 한번 엎드려 하나님과 어린 양에게 경배했다. 그 순간 환상이 끝나고, 요한은 현실로 돌아왔다. 그러나 요한은 불안하지 않았다. 오히려 가슴이 벅차올랐다. 요한은 죽음이 두렵지 않았다. 천국의 소망을 보았기 때문이다.

성경이 말하는 천국은 하나님께 감사하고, 영광을 돌리며, 찬양의 기도를 드리는 곳이다. 그러므로 우리는 천국에 들어가기 위해 찬양의 고백을 연습해야 한다. 우리의 언어 습관은 어땠는가? 나도 모르게 불평하고, 원망하고, 미워하며, 분노하는 말을 쏟지는 않았는가?

최근 몇 년 전부터 세계적인 인기를 얻게 된 미국 기업 중 하나가 바로 「넷플릭스Netflix」라는 멀티미디어 기업이다. 1997년에 세워진 이 기업은 2020년 기준, 전 세계 190개 이상의 국가에서 1억 7천만 가구가 매월 요금을 납부하는 거대 기업으로 자리 잡았다. 과연 그 비결은 무엇일까? 넷플릭스는 서로 논의할 때 '절대로'라는 말을 사용하지 않는다고 한다. 더 나은 방향과 더 나은 방법을 고민해야 하는데, '절대로'라는 말을 쓰는 순간 그 고민을 멈추기 때문이다.

우리 입술의 말은 현재와 미래를 결정짓는다. 불평하고 원망하면 현재도 미래도 지옥이지만, 찬양으로 기도하면 현재도 앞으로도 천국이 된다. 우리 입술에 어떤 말을 담겠는가? 세상의 부정적인 말에 지배당하지 말고, 찬양이 흘러넘치는 입술이 되어야 한다. 우리의 입술은 하나님의 말씀을 담고, 기도를 올려드리는 거룩한 통로이다. 그러니 날마다 하나님의 뜻을 헤아리며 감사와 찬양의 고백을 쉬지 않아야 한다. 우리는 그런 기도자로 지음 받았다.

후회를 넘어

후회를 이기는 기도자의 삶

아프리카 초원에 아기 사자 한 마리가 살았다. 드넓은 초원을 누비며, 거칠 것 없어 보이는 이 아기 사자에게 한 가지 고민이 있었다. 그는 사자답게 용감하고 힘이 있었지만, 늘 후회를 반복했다. 그러자 어린 사자의 부모가 한 가지 이야기를 해준다. 어떤 일을 하기 전에 한 번 더 생각해보고 신중하게 행동하라고 말이다. 이미 아기 사자도 알고 있는 사실이었다. 머리로는 생각하고 또 다짐하지만, 막상 실천이 잘 안 됐다. 그래도 그는 다시 한번, 생각하고 행동할 것을 결심한다.

 아기 사자는 여느 날과 다름없이 신나게 뛰어놀다 사냥꾼들을 발견한다. 그는 사냥꾼들을 향해 달려갈 참이었다. 그런데 그때, 머릿속에 자신이 했던 다짐이 생각났다. 처음에는 사냥꾼들에게 맞설 생각이었지만, 생각을 바꿔 조용히 수풀에 숨어 있다가 사냥꾼들을 피해 도망가기로 한다. 아기 사자는 어떻게 됐을까? 무사히 집으로 돌아오게 됐다. 아기 사자는 뿌듯하고 기뻤다. 한 번 더 생각해보고 신중하게 행동한 것이

처음이었기 때문이다. 「언제나 후회만 하는 사자김영아, 한얼에듀」라는 동화의 이야기다.

동화에서 아기 사자는 늘 후회했다. 그러나 후회만 할 뿐 달라지지 않았다. 사자의 인생이 진짜로 달라진 것은 후회가 아니라 실제로 실천할 때였다. 그리스도인들도 이와 다르지 않다. 사람은 연약하고 완벽하지 않기에 종종 후회할 일을 한다. 실수하기도 하고, 잘못을 저지르기도 한다. 그때 그리스도인은 무엇을 해야 할까? 자신의 잘못을 후회할 수도 있고, 때로는 눈물 흘리며 반성할 수도 있다. 그러나 여기서 더 나아가 하나님께 회개하며 기도해야 한다. 회개한 그 기도처럼 행동해야 한다. 기도를 행동으로 실천할 때, 삶이 변한다. 회개의 기도가 완성되는 것이다. 하나님이 바라시는 '후회를 이기는 기도의 삶'이 그것이다.

하나님의 사랑을 보다

다윗은 하나님의 도우심으로 평화로운 날들을 보내고 있었다. 그러던 어느 날, 그는 군사령관 요압과 신하들을 불러 인구조사를 지시했다. 인구조사는 대개 군대로 소집할 수 있는 사람 수를 파악하는 것인데, 나라가 안정된 상황에서 이 같은 지시는 의아했다.

> 사탄이 일어나 … 다윗을 충동하여 이스라엘을 계수하게 하니라
> 역대상 21:1°

인구조사는 전쟁을 대비하기 위한 것이 아니었다. 인구를 계수함으로 자신의 힘과 능력을 확인하고 과시하고 싶었다. 이 당시 중동을 보면,

왕들은 왕권이 안정되고 세력을 넓힌 뒤 왕실 비문을 세웠다. 그리고 그 비문에 어느 지역을 점령했고, 몇 명을 다스렸는지를 새겼다. 다윗도 자기를 과시하는 기록을 남기고 싶었던 것이다.

군사령관 요압은 다윗의 명령을 몇 번이나 거부했다. 다윗의 행동이 하나님 보시기에 잘못된 행동이라고 생각했기 때문이다. 그러나 스스로 높아지고자 하는 다윗의 교만함은 막을 수 없었고, 인구조사는 강행됐다.

다윗은 하나님의 도우심으로 여기까지 올 수 있었다. 하나님은 왜 다윗을 도우셨을까? 하나님의 백성을 잘 인도하는 목자가 되길 바라셨다. 이스라엘 백성이 하나님의 뜻을 알 수 있도록 말이다. 그런데 다윗은 자기 힘으로 성공을 이룬 것 마냥, 하나님의 은혜와 도우심을 잊었다. 그리고 결국 하나님이 받으셔야 할 영광을 가로챘다. 이스라엘은 하나님의 백성이다. 그런데 다윗은 이스라엘에게서 '내 힘'을 보기 원했다. 이스라엘을 '내 것'으로 생각한 것이다.

그 후 자신의 죄를 깨달은 다윗은 기도하기 시작했다.

> 다윗이 하나님께 아뢰되, 내가 이 일을 행함으로 큰 죄를 범하였나이다 이제 간구하옵나니 종의 죄를 용서하여 주옵소서 내가 심히 미련하게 행하였나이다 역대상 21:8°

다윗은 다시 하나님 앞에 겸손한 모습으로 회개하며, 하나님의 용서하심을 구했다. 그때, 선지자 갓이 찾아와 하나님의 말씀을 전했다.

"하나님께서 왕에게 세 가지 징계 중 하나를 선택하라고 말씀하셨습니다. 첫 번째는 3년간 기근이 들고, 두 번째는 3달 동안 적군에게 패해서 도망가야 합니다. 마지막 세 번째는 3일 동안 온 나라에 전염병이 퍼질 것입니다. 이 중 하나를 선택하십시오."

> 다윗이 갓에게 이르되 내가 곤경에 빠졌도다 여호와께서는 긍휼이 심히 크시니 내가 그의 손에 빠지고 사람의 손에 빠지지 아니하기를 원하나이다 역대상 21:13 °

다윗이 바랐던 응답은 아니었다. 그렇기에 다신 안 그럴 테니, 징계를 물려 달라고 조를 수도 있었다. 그러나 다윗은 그렇게 하지 않았다. 원치 않는 응답일지라도 기꺼이 징계를 받는다. 다윗은 하나님의 회초리가 아닌 하나님의 마음을 먼저 보았기 때문이다. 지금 당장은 아프지만 결국 자신을 위한 것임을 알기에 하나님의 징계를 기꺼이 받겠다고 할 수 있었다.

자식이 원하는 대로 다 해주는 것을 사랑이라고 생각하는 사람들이 있다. 아이에게 해가 되는지도 모르고 무분별하게 해준다. 그러나 아이가 원하는 대로 해주는 것만이 사랑은 아니다. 아이가 다칠 것을 아는데 아이가 원한다고 방치하는 부모는 없다. 때로는 잘못되고 위험한 길에서 건지기 위해 아이의 뜻과 반대로 해야 할 때도 있다.

조선 중기의 학자였던 퇴계 이황에게 '안도'라는 손자가 있었다. 이황은 손자를 너무 사랑했고 아꼈다. 둘의 사이가 얼마나 친밀했던지 이황이 손자에게 쓴 편지만 125통이나 된다. 편지에는 고민 상담, 세상 사는 이야기 등 크고 작은 일을 나눈 것이 고스란히 담겨있다.

이황이 그토록 아끼는 손자 안도에게 첫 아들이 태어났다. 이 소식에 이황은 너무 기뻤다. 그런데 문제가 하나 생겼다. 안도의 아내가 또 임신을 하는 바람에 젖이 나오질 않는 것이다. 안도는 이 사실을 이황에게 알렸다. 그리고 한 가지를 부탁한다. 이황의 하녀 중, 딸을 낳은 하녀가 있으니, 그 하녀를 유모로 보내 달라는 것이다. 이황은 어려운 일도 아니었지만, 손자의 부탁을 거절했다.

"내 자식을 살리겠다고 남의 자식을 굶겨 죽일 수 있겠느냐? 조금만 참아보자."

안도는 절박한 마음에 몇 번 더 부탁했지만, 이황은 번번이 거절했다. 결국 안도의 아들은 두 돌을 갓 넘기고 죽게 됐다. 이 소식을 들은 이황은 통곡했다. 그런데 왜 손자의 부탁을 들어주지 않은 걸까? 그것은 손자를 사랑하는 마음 때문이다. 그는 손자가 도리에 어긋나지 않고 바른 사람이 되길 원했다. 안도 역시 이런 할아버지의 사랑을 알았다. 그리고 그 사랑을 이해했기에 자신의 부탁을 거절한 할아버지를 원망하지 않았다. 안도는 공부에 매진했고, 그 결과 한 시대를 풍미하는 바른 학자가 되었다.

하나님의 마음도 이와 같다. 때론 우리가 아무리 간구해도 들어주시지 않을 때가 있다. 또 우리가 잘못된 길을 걷고 있을 때, 꾸짖어 돌이키게 하실 때도 있다.

하나님은 우리가 눈물을 흘리고 아파할 것을 알면서도 우리의 뜻대로 해주시지 않는다. 그리고 하나님의 뜻을 이루신다. 우리를 사랑하지 않으셔서 아프게 하는 것이 아니다. 우리가 힘들고 아프더라도 바른 길을 걷기 원하시기 때문이다.

때때로 하나님의 꾸짖음과 회초리를 맞을 때, 하나님이 원망스럽고 미울 때가 있다. 그 사랑을 의심하기도 한다. 그러나 그 회초리 속에 담겨 있는 하나님의 사랑을 봐야 한다. 바른 길로 인도하시는 그 사랑을 믿고 기억해야 한다.

변화된 삶으로 살다

다윗은 세 가지 징계 중 전염병을 선택했다. 그러자 3일 동안 전염병으로 7만 명이 죽게 된다. 자신의 죄로 많은 백성이 죽는 것을 본 다윗은 자책하며 후회했다. 그리고 다시 한번 하나님께 엎드려 간절히 기도했다.

"하나님! 잘못은 제가 했는데, 왜 죄 없는 백성이 죽어야 합니까? 백성을 살리시고, 차라리 저와 저의 집을 치십시오."

이런 다윗을 보신 하나님은 선지자 갓을 통해 오르난의 타작마당에 여호와의 제단을 쌓고 제사를 드리게 하셨다. 다윗이 다시 한번 예배하며, 겸손한 삶을 다짐할 수 있도록 하신 것이다. 그 말씀에 따라 다윗은 신하들과 함께 오르난의 타작마당으로 갔다. 아무것도 모르고 밀을 타작하던 오르난은 다윗을 보고 엎드렸다. 그리고 다윗은 그에게 이곳에 여호와를 위한 제단을 쌓기 원한다고 이야기했다. 만약 그가 땅을 못 주겠다고 하면 난감한 상황이었다. 그런데 그는 고민도 없이 곧바로 왕에게 타작마당을 바치겠다고 말했다. 가장 큰 고민거리였던 땅이 너무나 쉽게 확보된 것이다. 이제 신하들과 함께 제단을 쌓고 제사를 드리기만 하면 되는데, 다윗은 잠시 고민에 빠졌다. 왜였을까?

> 다윗 왕이 오르난에게 이르되 그렇지 아니하다 내가 반드시 상당한 값으로 사리라 내가 여호와께 드리려고 네 물건을 빼앗지 아니하겠고 값 없이는 번제를 드리지도 아니하리라 역대상 21:24

다윗은 왕이라는 이유로 땅을 그냥 받는 것이 마땅치 않다고 생각했다. 다윗은 금 육백 세겔을 지불하고 그 땅을 구매한다. 다윗은 절대권력을 가진 왕이다. 백성이 바치는 조공으로 여겨도 됐을 법했다. 그런데 그는 그렇게 하지 않았다. 굳이 값을 지불하고 땅을 구입했다. 그는 왜 그랬을까?

하나님께 회개하고 겸손하게 기도하면서, 사람에게는 권력을 휘두르고 군림하는 이중적인 삶을 살 수 없었던 것이다. 다윗은 그의 기도처럼 삶에서도 겸손을 나타냈다. 다윗은 왕이 아닌 한 사람으로서 오르난에게 다가갔던 것이다. 바로 이것이 후회를 넘는 기도자의 모습이다.

후회가 밀려올 때, 많은 사람이 하나님께 회개하며 겸손하게 기도한다. 그러나 같은 실수를 반복하지 않기 위해서는 기도의 실천이 반드시 있어야 한다. 기도와 삶이 일치를 이뤄야 한다. 우리는 삶에서 기도한 대로 살고 있는가?

> 다윗이 거기서 여호와를 위하여 제단을 쌓고 번제와 화목제를 드려 여호와께 아뢰었더니 여호와께서 하늘에서부터 번제단 위에 불을 내려 응답하시고 역대상 21:26 °

기도한 대로 살아가려는 다윗의 모습은 하나님을 감동하게 했다. 그리고 하나님께서 진심 어린 다윗의 기도를 기쁘게 받으시고 용서하셨다. 실수를 뉘우치는 것만큼 중요한 것은 그 이후에 달라진 삶이다. 하나님은 삶으로 실천되는 기도를 보기 원하신다.

우리의 잘못은 후회한다고 해결되지 않는다. 기도에 맞게 살아야 후회를 이길 수 있다. 그런 점에서 다윗은 기도에 맞는 삶으로 후회를 이겨냈다. '입 따로 몸 따로'가 아니라, 기도한 대로 살아갔다. 하나님은 어떤 경우에도 우리가 후회에서 멈추지 않기를 원하신다. 더 다가오기를 원하시고, 늘 인격적으로 교제하기를 원하신다. 후회의 상황을 만났을 때, 하나님께 나아가자. 그 하나님 안에서 문제가 해결되고, 변화된 인생으로 살아갈 수 있다.

삶으로 기도하다

솔직하게 기도하다

에브라임 산지에 엘가나라는 사람이 살았다. 그에게는 두 아내, 한나와 브닌나가 있었다. 학자들은 엘가나가 한나와 먼저 결혼하고, 후에 브닌나와 결혼했다고 본다.

> 한나에게는 자식이 없었더라 사무엘상 1:2

한나와 결혼을 했는데 자식이 없으니 브닌나와 다시 결혼한 것으로 보는 것이다. 무슨 이유인지 한나가 그렇게 노력해도 얻지 못한 자식을 브닌나는 동침할 때마다 얻었다.

많은 고대사회처럼 당시 이스라엘도 가족 중심의 사회였다. 그래서 대를 이을 수 있는 아들을 낳는 여자가 존중받았다. 그렇기에 브닌나는 사람들로부터 최고의 대우를 받았지만, 한나는 늘 죄인처럼 조용히 지내야 했다. 가족도, 마을 사람들도, 브닌나도 한나가 저주받았다며 비난

했지만, 그저 감수하며 살아야 했다. 물론 남편 엘가나는 한나를 더 사랑했다. 실로에 있는 성막에서 제사를 드린 후 제물을 나눌 때면, 한나에게는 브닌나의 두 배를 주었다.

그러나 그 어떤 것도 한나의 설움을 위로할 순 없었다. 옆에서 들려오는 브닌나와 아이들의 행복한 웃음소리는 그녀를 더욱 초라하게 만들었다. 게다가 제사를 드린 후 브닌나가 자식들에게 음식을 떼어 주며 분주할 때, 혼자 외롭게 음식을 먹어야 하는 상황이 서글프고 괴로웠다.

그날도 엘가나는 가족들을 데리고 실로에 있는 성막에 갔다. 그리고 제사를 드린 후엔 늘 하던 대로 식사를 했다. 그런데 그날따라 자녀와 함께 식사하는 브닌나를 보니, 한나의 마음이 무너졌다. 그래서 식사를 대충 끝낸 후 엘가나에게 외출을 허락받고 제사를 드렸던 성막에 다시 들어갔다. 그곳에서 무릎을 꿇고 서러운 목소리로 하나님의 이름을 외쳤다. 주체할 수 없는 눈물을 흘리며 무너지는 마음을 부여잡고 기도했다.

> 만군의 여호와여 만일 주의 여종의 고통을 돌보시고 나를 기억하사
> … 주의 여종에게 아들을 주시면 내가 그의 평생에 그를 여호와께 드리고 삭도를 그의 머리에 대지 아니하겠나이다 사무엘상 1:11°

한나는 하나님께 자신의 심정을 토로했다. 그리고 서원기도를 했다. 아들을 주시면 그 아이를 하나님 앞에 온전히 드리겠다고 말이다.

한나가 열심히 기도하고 있을 때, 그녀를 유심히 지켜보는 사람이 있었다. 당시 이스라엘의 대제사장 엘리였다. 그는 평소에 성막 정문에 놓인 의자에 앉아 있었다. 그날도 어김없이 의자에 앉아 있다가 한나와 마

주쳤다. 엘리는 한나를 수상쩍게 여겼다. 여자 혼자서 성막에 들어오는 것도 이상한데, 얼굴 표정도 어딘가 수상해 보였다. 한나를 멀찍이서 지켜보고 있던 그때, 한나가 흐느껴 울기 시작했다. 게다가 가슴을 치며 혼자 중얼거렸다. 엘리는 이것을 보고 한나가 술에 취했다고 확신했다. 곧장 그녀에게 가서 호통을 쳤다.

네가 언제까지 취하여 있겠느냐 포도주를 끊으라 사무엘상 1:14°

엘리는 왜 한나가 술에 취했다고 생각했을까? 한나가 기도하는 모습이 마치 술에 취해 주사를 부리는 것과 비슷했기 때문이다. 이를 본 엘리는 곧바로 그녀를 끌어내리려고 했다.

한나는 왜 이렇게 기도했을까? 그녀는 하나님 앞에 솔직하게 기도하고 있었다. 남들이 어떻게 보든 상관없었다. 그저 하나님 앞에 솔직한 것이 중요했다. 그러다 보니 남들이 보기에 민망한 모습으로 기도했던 것이다. 옆 사람을 신경 쓰지 않았다는 말이다. 바로 이 점이 하나님을 감동하게 했다. 우리도 한나처럼 간절히 기도하기 원한다면, 남들 신경 쓸 것 없다. 한나처럼 하나님만 바라볼 때, 그 기도가 하나님을 기쁘시게 할 것이다.

2~30년 전만 해도, 금요일 심야예배나 철야예배는 참 뜨거웠다. 흐느끼는 사람, 통곡하는 사람, 방언하는 사람, 찬양하는 사람 등 각자가 서로의 눈치를 보지 않고, 하나님의 감동대로 기도했다. 그리고 하나님의 응답이 곳곳에서 쏟아졌다. 그러나 지금은 다르다. 고민거리로 상담하는 교인들은 많지만, 그것을 입 밖으로 꺼내 기도하지 않는다. 옆 사

람이 내 기도제목을 듣고 비웃을까 속으로만 기도한다. 물론 이해는 된다. 그러나 하나님께선 우리가 있는 모습 그대로 나오기를 원하신다. 하나님만이 문제를 해결하실 수 있고 하나님이 복의 근원임을 믿는 사람, 하나님 앞에서 솔직할 수 있는 기도자를 기뻐하신다.

정말 억울하고 답답하고 원통한 사람은 주변의 눈치를 보지 않는다. 사람들이 비웃고 무시해도 간절하게, 솔직하게, 자신의 마음을 있는 그대로 이야기한다. 하나님이 찾는 기도자가 바로 그런 사람이 아닐까?

응답을 믿다

엘리 제사장은 간절히 기도하던 한나에게 호통을 쳤다. 그러니 한나 입장에서는 참 억울하고 화가 났을 터다. 그러나 한나는 화내는 대신, 자신의 상황을 진솔하게 말했다. 그리고 모든 이야기를 들은 엘리도 오해를 풀고, 그녀를 위로하며 축복했다.

> 평안히 가라 이스라엘의 하나님이 네가 기도하여 구한 것을 허락하시기를 원하노라 사무엘상 1:17°

하나님께서 주의 종을 통해 그 백성을 위로하고 복을 주셨다. 한나도 믿음으로 받아들였다. 그래서 감사하며 가족들에게 다시 돌아간다.

그녀는 열심히 부르짖었고, 주의 종을 통해 위로를 받았다. 이만하면 기도를 잘했다고 할 수 있다. 그런데 그것은 착각이다. 부르짖고, 위로받고, 기분이 풀렸다고 기도가 끝난 것이 아니다. 그렇다면 또 무엇이 있을까? 가족들에게 돌아간 한나의 삶을 살펴보면 된다.

> 가서 먹고 얼굴에 다시는 근심 빛이 없더라 … 돌아가 라마의 자기 집
> 에 이르니라 엘가나가 그의 아내 한나와 동침하매 사무엘상 1:18-19°

성막에 들어갈 때는 설움과 근심이 커서 음식을 먹을 수 없는 상태였다. 그런데 돌아온 후에는 음식을 기쁘게 먹는다. 근심도 사라졌다. 또 모든 일정을 끝내고 라마로 돌아간 뒤에는 엘가나와 동침한다. 수없이 동침했음에도 실패했지만, 다시 기쁘게 동침한다. 그렇다면 한나가 이렇게 행동할 수 있던 이유는 무엇일까? 그 이유는 하나다. 하나님의 응답을 믿었기 때문이다.

기도는 뜨겁게 부르짖었다고 끝난 것이 아니다. 외침이 끝난 뒤에는 삶으로 그 믿음을 보여야 한다. 하지만 우리는 그렇게 살지 못할 때가 더 많다. 그래서 예배를 수없이 드려도 어두운 얼굴로 살 때가 많다. 어찌 보면 당연한 일이다. 환경은 여전히 그대로고, 문제가 해결된 것도 아니기 때문이다. 힘든 현실로 다시 나가야 하기 때문이다.

그러나 하나님을 믿는다면 이제 달라져야 한다. 하나님께서 우리의 기도에 응답하시고 좋은 길로 인도하실 것을 믿는다면, 걱정과 근심을 내려놓아야 한다. 우리가 늘 기뻐할 수 있는 이유는 좋은 일만 있기 때문이 아니다. 힘들고 어려운 일을 만나더라도, 하나님의 응답하심과 인도하심을 믿기 때문에 기뻐할 수 있는 것이다. 기도하면 하나님께서 응답하실 것을 믿기 때문에, 새 힘을 얻는 것이다. 그러므로 하나님께 부르짖었다고 만족하며 멈추지 말자. 기도의 응답을 믿고, 삶의 변화를 일으켜야 한다. 한나처럼 긍정적인 삶으로 기도를 완성하는 기도자가 되어야 한다.

희망을 현실로 이끌어 가는 사람

희망을 이루는 사람

1981,년 미국의 심리학자인 카너먼Daniel Kahneman과 트버스키Amos Tversky가 한 가지 실험을 했다. 사람들에게 전염병으로 죽을 위기에 처했다고 가정한 후, 이 병을 방치할 경우 600명이 죽는다고 했다. 그리고 사람들에게 두 가지 치료법 중 하나를 선택하게 했다. 첫 번째 치료제는 400명이 죽을 수 있고, 두 번째 치료제는 아무도 죽지 않을 확률이 33%라고 말이다. 사람들은 무엇을 선택했을까? 사실 두 치료제는 같았다. 표현만 바꾼 것뿐이다. 그런데 78%의 사람들이 2번 치료법을 선택했다. 죽는다는 비관적인 말보다 살 수도 있다는 희망적인 말을 선택한 것이다. 이렇듯 희망은 우리가 살아가는 데 있어 중요한 요소가 된다.

언젠가부터 이 시대를 희망이 없는 시대라고 부른다. 아이도 어른도 노인도, 잘살아보겠다는 꿈을 갖지 않는다. 아무리 꿈을 꿔도 이룰 수 없을 것이라는 생각이 그들을 지배하기 때문이다.

물론 우리의 힘으로는 거대한 세상을 넘어, 꿈을 이루지 못할 수도 있다. 그러나 하나님이 함께하시면 우리의 생각을 넘어 꿈꾸게 하신다. 불가능해 보이는 것들을 성취하신다. 하나님은 우리와 함께하시기 위해, 이 땅 가운데 예수님을 보내셨다. 그러므로 누구든지 하나님과 함께할 때, 희망을 현실로 이루는 주인공이 될 수 있다.

하나님으로 충분한 사람

엘리야가 선지자로 활동하던 당시 북이스라엘의 왕은 아합이었다. 하나님은 이방인과의 결혼을 금했지만, 아합 왕은 정치적 이유로 시돈 왕의 딸인 이세벨과 책략적 결혼을 했다. 이세벨은 바알 신을 숭배했기에, 북이스라엘에 온 후엔 나라 전역에 바알 신전을 세우고 수천 명의 예언자와 무당들을 양성했다. 그로 인해 이스라엘 백성은 하나님과 점점 멀어져 갔다.

그러던 어느 날, 엘리야가 왕 앞에 나타나 말했다. 여호와께서 허락하실 때까지 이스라엘 땅에 이슬조차 내리지 않을 것이라고 말이다. 그날 이후로 북이스라엘에서 비가 내리는 것을 볼 수 없게 됐다. 비가 내리지 않은 지 3년 6개월이 되었다. 상황이 이쯤 되니 농사에 쓰던 물은 물론이고, 왕궁에 물을 공급하던 샘까지 말라버렸다. 얼마나 심각했던지 아합이 신하들을 이끌고 직접 물을 찾을 정도였다. 일반 백성이 느꼈을 고통과 절망은 짐작조차 하기 어려웠다.

시간이 흘러 다시 아합 왕에게 나타난 엘리야는 한 가지 제안을 한다. 바알과 아세라 선지자들을 갈멜산에 불러 누가 참 신인지 자신과 겨루어 보자는 것이다. 아합은 홧김에 그 제안을 받아들인다. 아합 왕과 신하들, 많은 백성이 갈멜산에 모였다. 권력을 등에 입은 바알과 아세라 선지자들은 시작 전부터 노래로 기선을 제압했다. 그들은 합쳐서 850명이었다. 반면 여호와의 선지자는 엘리야 한 사람이었다. 숫자적으로도, 권력으로도 엘리야가 주눅들 수밖에 없는 상황이었다.

이들의 대결이 시작됐다. 대결은 바알에게 배정된 송아지와 여호와께 배정된 송아지 중 먼저 불태우는 신이 이기는 것으로 정했다. 먼저 바알의 선지자 450명이 기도하기 시작했다.

"바알이여, 불태우소서."

그러나 아무리 부르짖어도 불이 내려오지 않았다. 나중에는 몸을 긁고, 베고, 머리를 찧고, 손을 강하게 내리치며 몸에 상처를 내며 부르짖었다. 아침 아홉 시부터 오후 세 시까지 간절히 기도했지만, 결국 실패하고 말았다.

이제 엘리야의 차례다. 그는 먼저 무너진 제단을 다시 쌓았다. 그 다음 제단 옆에 도랑을 파고 제물 위에 네 통의 물을 부었다. 그리고는 기도했다.

"하나님, 응답하여 주십시오."

> 여호와의 불이 내려서 번제물과 나무와 돌과 흙을 태우고 또 도랑의 물을 핥은지라 열왕기상 18:38 °

엘리야가 기도하자, 하늘에서 불이 임했다. 그리고 모든 것이 불태워졌다. 여섯 시간 동안 기도해도 되지 않던 일이 단 한 번의 기도, 단 한 명의 기도로 이루어졌다. 많은 돈과 권력으로도 하지 못한 일을 엘리야가 해냈다. 엘리야는 어떻게 이루어낸 것일까?

> 모든 백성이 보고 엎드려 말하되, 여호와 그는 하나님이시로다 여호
> 와 그는 하나님이시로다 열왕기상 18:39 °

이방인 선지자들보다 더 간절하게 기도했기 때문일까? 아니면 더 강력한 기도의 방법이 있었던 걸까? 아니다. 엘리야는 하나님께 기도드렸다. 하나님께서 그의 기도에 응답하심으로 모든 상황에 개입하시고 역사하신 것이다. 그러자 불가능이 응답되는 기적이 일어났다. 그때, 하나님을 믿지 않던 백성도 하나님을 인정하고 고백하게 된다.

기도는 간절하다고 응답되는 것이 아니다. 유일하신 하나님께 기도할 때, 응답이 이루어진다. 가진 것이 없어도 하나님이 내 편이 되시면 희망은 현실이 된다. 우리는 기도할 때 언제, 어디서나, 어느 때에나 하나님 아버지를 부르고 기도해야 한다.

예수님은 목수였다. 가난했고, 가진 것도 없었다. 그러나 하나님 아버지께 기도했더니, 하나님께서 능력과 지혜를 더해 주셨다. 속상한 일이 있을 때도 이겨낼 힘을 주셨고, 마지막에는 죽음의 고통까지도 이겨내는 힘을 주셔서 이기게 하셨다.

그러므로 예수님을 따르는 우리도 예수님처럼, 또 엘리야처럼 기쁠 때나 슬플 때나 오직 하나님 아버지께 기도해야 한다. 세상의 성공 방식을 따르기보다 하나님께 의지하고 기도하는 사람이 되어야 한다. 가진 것이 없어도 하나님만 바라보며 기도할 때, 우리의 희망을 현실로 이루시는 하나님을 보게 될 것이다.

말씀으로 응답받는 사람

이방 선지자들과의 갈멜산 대결은 엘리야의 완벽한 승리로 끝났다. 이 광경을 지켜보던 사람들은 450명의 바알 선지자들을 모조리 죽였고, 아합 역시 바알 선지자들의 무력함에 충격을 받는다.

대결이 끝나고 엘리야가 아합의 얼굴을 보는데, 그의 얼굴이 예전과는 달리 초췌해보였다. 아합이 국가적 위기 상황에서 금식하며 기도했던 것이다. 그 모습을 본 엘리야가 아합에게 말했다.

> 올라가서 먹고 마시소서 큰 비 소리가 있나이다 열왕기상 18:41

아합을 돌려보내고 엘리야는 갈멜산 꼭대기로 올라갔다. 그곳에서 무릎을 꿇고, 얼굴을 무릎 사이에 넣어 기도했다. 이 자세에서 두 가지 사실을 알 수 있다. 먼저 이것은 습관의 결과였다. 그리고 배가 나오면 할 수 없는 자세였다. 즉, 엘리야는 한 끼를 먹는 것도 힘든 때가 있었고, 그때마다 이런 자세로 도와 달라고 간절히 기도하며 버틴 것이다. 엘리야는 그 간절함으로 다시 얼굴을 파묻고, 이스라엘 땅에 비를 내려 달라고 기도했다.

한참 기도하던 엘리야는 옆에 있던 부하에게 구름이 보이는지 보게 했다. 그러나 구름은 보이지 않았다. 부하가 보이지 않는다고 말하자, 엘리야는 다시 보도록 지시했다. 그렇게 오르락내리락하기를 일곱 번 했을 때, 마침내 부하가 손바닥만 한 작은 구름이 일어나기 시작한다고 말했다. 그러자 엘리야는 그 부하를 별궁에 있던 아합에게 보내 알리게 했다. 잠시 후 아합이 마차를 타고 움직이려고 하는데, 하늘에서 먹구름이 끼더니 폭우가 내렸다. 3년 6개월 만이었다.

> 여호와의 말씀이 엘리야에게 임하여 이르시되 너는 가서 아합에게
> 보이라 내가 비를 지면에 내리리라 열왕기상 18:1 °

아합도 누구보다 간절히 원했고 기도했다. 그러나 아합의 기도는 응답이 없었고, 엘리야의 기도는 응답을 받았다. 왜 엘리야의 기도에만 응답이 있었을까? 아합은 막연한 대상에게 자신의 희망을 담아 기도했지만, 엘리야는 약속의 말씀을 붙들고 하나님께 기도했기 때문이다.

꿈을 이뤄갈 때, 우리가 바라봐야 하는 것은 내 조건과 형편이 아니다. 오직 크고 전능하신 하나님이다. 하나님 안에서 마음껏 기도하고, 말씀 안에서 응답을 받으며 확신을 얻어야 한다. 하나님께서 우리의 인생을 통해 반드시 역사하신다. 기도하는 자에게 주신 약속이자 특권이다.

> 하나님이 함께하시면
> 우리의 생각을 넘어 꿈꾸게 하신다.
> 불가능해 보이는 것들을 성취하신다.
> 하나님은 우리와 함께하시기 위해
> 이 땅 가운데 예수님을 보내셨다.
> 그러므로 누구든지 하나님과 함께할 때
> 희망을 현실로 이루는 주인공이 될 수 있다.

Who _____

나를 가장 잘 아시는 나의 하나님께 기도합니다.

하나님,
수십 년을 함께한 사람들의 마음도 모르면서
보이지 않는 하나님은 잘 안다고 생각했습니다.
성경 말씀도 잘 안다고 자부했습니다.
그런데 정작 그것을 통해 말씀하시는 하나님의 마음은 몰랐습니다.

나는 하나님을 모르는 무지한 자입니다.
왜 나를 광야로 인도하시는지 이해할 수 없었습니다.
하나님을 믿지만, 때로는 이해하지 못했습니다.
내게는 왜 이렇게 힘든 길만 열리는지
도와달라고 아무리 기도해도 늘 침묵하시는지
기도하는 것도, 예배하는 것도, 봉사하는 것도 다 멈추고 싶었습니다.

그러나 이제는
내게 가장 좋은 것을 이미 준비하신 하나님을 알기 원합니다.
나를 광야로 보내셨지만
이미 만나와 메추라기를, 구름 기둥과 불기둥을
반석에서 샘물을 준비하시고, 안전하게 지키셨음을 믿습니다.

눈에 보이지 않지만
하나님은 내 머리털까지 다 세고 계심을 믿습니다.
드러나는 기적은 없지만
일상에서 낮에도 밤에도 함께 하심을 믿습니다.
때때로 극심한 고독이 나를 찾아올 때가 있지만
하나님이 내 아버지이고, 친구임을 믿고
당당한 사람이 되게 하소서.
때때로 하나님의 인도하심을 이해할 수 없지만
그 하나님을 믿기에
오늘도 힘차게 인생을 만드는 자가 되게 하소서.
나를 단 한 번도 떠난 적이 없으신 하나님을 알게 하소서.

오직 하나님만이 복의 근원이십니다.
오직 하나님만이 나의 산성이십니다.
오직 믿음으로 끝까지 하나님을 붙들게 하소서.
그 믿음으로 주님께 응답받게 하여 주시옵소서.

예수님의 이름으로 기도합니다. 아멘.

Chapter. 2

When

언제, 어느 때 기도하십니까?

봄이 지나 여름이 오고 여름이 지나면 가을이 찾아오듯
인생에도 다양한 계절이 오고 간다.
우리는 지금 어느 시즌을 지나고 있는가?
누군가는 축복의 시즌을
또 다른 누군가는 광야의 시즌을 지나고 있을 수 있다.
그러나 어떤 시기와 시즌을 지나든
그리스도인은 그 모든 때를 기도의 기회로 삼아야 한다.
슬퍼서 기도할 수 없고, 실망해서 기도가 되지 않는가?
지금이 기도해야 할 타이밍이다.

잘못을 인정하다

너무 늦었다고 생각할 때

므낫세는 히스기야 왕의 아들이다. 남유다의 왕자였던 그가 여덟 살 되던 해, 앗수르의 침공으로 예루살렘은 포위된다. 전쟁이 끝나자 앗수르는 남유다의 국정에 간섭하기 시작했다. 그리하여 앗수르는 열두 살이던 므낫세를 그의 아버지 히스기야와 함께 남유다의 공동 왕으로 세웠다. 이후 아버지가 돌아가시고, 아무것도 모르는 소년 므낫세가 단독 왕이 됐다. 이때 그는 힘의 논리가 얼마나 중요한지 깨닫는다.

그가 왕이 되어 보니, 나라는 아무것도 없는 상태였다. 돈도 없고, 힘도 없었다. 그는 두로, 시돈과 무역하여 경제를 일으키기 시작했다. 그리고 왕권을 지키겠다는 마음으로 앗수르에게 더 복종했다. 하지만 다른 나라에 손을 벌린 대가가 그저 좋은 것만은 아니었다.

산당을 다시 세우며 바알들을 위하여 제단을 쌓으며 아세라 목상을 만들며 … 여호와의 전 두 마당에 … 일월성신을 위하여 제단들을 쌓

> 고 … 아들들을 불 가운데로 지나가게 하며 … 목상을 하나님의 전에 세웠더라 역대하 33:3-7°

므낫세는 다른 나라의 이방신을 예배하는 제단을 성전에 세웠다. 권력과 자본의 힘을 빌린 나라의 비위를 맞추기 위해 우상을 받아들인 것이다. 그뿐만 아니라 인신 제사를 장려하고, 우상을 위한 산당을 곳곳에 세웠다. 그는 아버지 히스기야의 정책을 완전히 뒤집어버렸다.

므낫세는 이같은 정책으로 편안한 왕위를 누릴 것이라 생각했다. 하지만 그의 꿈은 무참히 깨져버렸다. 어느 날 앗수르 왕의 동생이 반란을 일으키며 앗수르에 내전이 시작됐다. 므낫세와 긴밀히 교류하던 두로와 시돈도 반란군으로 가담했다. 그 후 원래 왕이던 형이 내전에서 승리하자, 그는 나라 전역에 있던 반란군을 숙청하기 시작했다. 이때 두로와 시돈과 친하다는 이유로 체포된 므낫세는 바빌론까지 1,500km를 끌려가 정치범 수용소에 갇히게 된다.

므낫세는 억울하고 기가 막혔다. 막막하고 답답한 현실에 처하자 므낫세는 하나님을 찾았다.

> 그가 환난을 당하여 그의 하나님 여호와께 간구하고 그의 조상들의 하나님 앞에 크게 겸손하여 기도하였으므로 역대하 33:12-13°

므낫세는 지난날을 돌아보다 문득 하나님을 떠올렸다. 그동안 하나님을 외면한 것이 마음에 찔렸지만, 그래도 용기내어 이내 하나님을 부르기 시작했다.

"여호와 하나님!"

므낫세는 목 놓아 하나님을 부르며 자신의 삶을 고백했다. 그동안 하나님을 외면하며 살았던 것을 회개한 것이다. 그리고는 하나님의 도우심을 구했다. 우리의 눈엔 철면피 같아 보이는 행동이다. 하지만 하나님은 이런 므낫세의 행동을 괘씸하다고 여기지 않으셨다.

> 하나님이 그의 기도를 받으시며 그의 간구를 들으시사 그가 예루살렘에 돌아와서 다시 왕위에 앉게 하시매 역대하 33:13 °

그는 60년간 하나님을 외면했지만, 하나님은 그를 외면하지 않으셨다. 오히려 다시 돌아왔음에 기뻐하시며, 그를 위로하셨다. 또한 하나님은 그의 간구에 응답하셔서 무사히 감옥에서 풀려날 수 있도록 도우셨다. 마침내 하나님의 도우심으로 다시 예루살렘에 돌아올 수 있었다.

우리가 믿는 하나님은 어떤 분인가? 지금이라도 내 인생을 고백하고 맡겨 드리면, 죄인인 나를 의롭다 여겨주시고 받아주시는 분이다. 그렇기에 많은 우상을 섬기며 오랜 시간 하나님을 외면한 므낫세가 다시 회개하고 돌아올 때, 하나님은 그를 용서해주시고 응답하셨다. 때로는 기도에 앞서 머뭇거려지는 순간이 있다. 과거의 내 모습 때문이다.

"한동안 교회에 안 나갔는데, 기도한다고 하나님이 받아주실까?"

"여전히 방탕하게 살고 있는데, 기도한다고 하나님이 들으실까?"

그러나 하나님은 자신의 죄를 깨닫고 돌아오는 자를 사랑으로 품으시는 분이다. 그러므로 우리는 주저하지 않고 하나님 앞에 나아갈 수 있다. 회개하기에 늦은 때는 없다. 바로 지금이 가장 좋은 회개의 때다.

마음을 돌이켰을 때

므낫세는 예루살렘에 돌아왔다. 그리고 그는 왕의 자리에 다시 앉자마자 모두를 놀라게 했다. 자기 손으로 갖다 놓았던 우상을 버리고 성전에 세웠던 이방 제단들을 부수어 버렸기 때문이다. 그 후엔 성전을 원래의 모습으로 돌려놓았다. 그리고 날마다 하나님께 제사를 드리기 시작했다. 그가 얼마나 변했는지, 어떤 이는 그가 미쳤거나 총기가 흐려졌다고 할 정도였다. 그러나 므낫세는 미친 것도, 총기가 흐려진 것도 아니었다.

> 므낫세가 … 여호와께서 하나님이신 줄을 알았더라 역대하 33:13 °

하나님을 만나 은혜를 입고 나니, 삶이 달라진 것이다. 이것이 바로 진정한 회개의 모습이다. 어떤 사람은 눈물을 흘리며 간절히 기도하지만, 기도가 끝나면 이전과 여전히 똑같은 삶을 산다. 그러나 진정한 회개는 기도할 때만 잠시 하나님을 붙잡는 것이 아니다. 이후에 삶의 변화가 일어나야 한다.

이처럼 므낫세는 무너졌던 여호와 신앙을 다시 일으켰다. 그뿐만 아니라 외세에 의지하여 왕권을 지키려고 했던 과거와 달리, 예루살렘 성을 재건하며 파괴된 요새도 재건했다. 회개한 후에는 이전과는 전혀 다른 새로운 모습으로 통치한 것이다. 그리고 그는 예루살렘으로 돌아온 지 6년이 지난 후, 55년의 통치를 끝으로 인생을 마감한다.

므낫세의 인생을 정리하며 한 가지 생각해볼 것이 있다. 그는 감옥에 갇혔을 때, 어떻게 하나님께 기도할 수 있었을까? 그동안 섬기던 이방신에게 기도할 수도 있었는데, 그는 어떻게 하나님을 떠올린 걸까? 이에 대한 해답은 그의 아버지 히스기야에게 있다.

> 히스기야 왕이 … 하늘을 향하여 부르짖어 기도하였더니 … 히스기야
> 가 병들어 죽게 되었으므로 여호와께 기도하매 역대하 32:20, 24 °

히스기야는 죽음의 위기를 만났을 때, 무엇보다 하나님을 먼저 찾았다. 앗수르에게 포위를 당했을 때도, 죽을 병에 걸렸을 때도 그랬다. 그리고 므낫세는 이런 아버지의 기도를 보며 자랐다. 비록 아버지의 기도를 떠올리며 비웃었을 때도 있었지만, 결정적인 순간에 그 기도가 하나님을 기억하게 했다. 이것이 므낫세를 죽음에서 구원하는 믿음의 유산이 된 것이다. 그런 점에서 믿음의 유산은 회개를 만든다.

시대가 지날수록 젊은 세대와 기성세대 간 이해의 격차가 벌어지고 있다. 서로를 이해하기엔 너무 어려워 보인다. 그래서 자녀의 문제로 어려움을 겪고 있는 부모 또한 점점 많아진다. 그러나 우리는 므낫세의 모습을 보며 낙심하지 않을 수 있다. 어떠한 순간에도 믿음의 유산을 물려주는 것을 잊지 않는다면, 언젠가 하나님께서 그것을 통해 일하시고 회복하실 것이다. 부모님의 믿음의 유산을 귀하게 깨닫는 날이 올 것이다.

그러므로 우리가 중요한 순간을 만날 때, 해야 하는 것은 기도 뿐이다. 먼저 무릎 꿇고, 먼저 회개하는 것이다. 이것이 믿음의 씨앗이 되어 언젠가 다시 하나님을 기억하고 회개하며, 구원받게 하는 믿음의 유산으로 꽃을 피울 것이다.

기도의 시동이 멈추어 있다면

무기력한 멈춤의 때

한 기업에서 직장인 천 명을 대상으로, 최근 1년 사이에 무기력증을 경험한 적이 있는지 설문조사를 했다. 응답자의 과반수이상인 약 60%가 그런 적이 있다고 답했다. 직급별로는 입사한 지 6~9년 차인 과장급이 가장 많이 응답했다. 그 이유로는 '일에 대한 회의감'이 압도적이었다.

그동안 회사를 위해 열심히 일하던 사람들에게 왜 이 같은 무기력증이 찾아온 걸까? 이들은 그동안 회사를 위해 여가, 건강 등 개인의 것들을 포기하고 감내하며 일해 온 사람들이다. 의욕적으로 직장 일에 몰두해왔지만, 왜 열심히 일해 왔는지 목적을 잃은 것이다.

비단 직장인만의 문제는 아니다. 이 회의감은 자녀와 남편을 위해 헌신하던 주부들, 밤낮없이 열심히 공부하는 학생들에게도 찾아온다. 또한 믿음의 사람들에게도 종종 나타난다. 성실히 예배하고 기도하던 사람이 어느 순간, 예배에 대한 열정이 싸늘하게 식는다. 왜 그럴까?

아무리 열심히 기도해도 응답이 없는 것 같을 때가 있다. 여전히 삶의 문제들은 그대로이고, 늘 제자리걸음인 것 같다. 오랜 광야의 시간에서 약속을 말씀을 붙들며 지나온 사람들은 어떠한가? 인내와 소망으로 견뎌왔지만, 길어지는 고난의 시간에 지친다. 이렇듯 다양한 이유로 영적으로 무기력해짐을 경험한다.

아무것도 하기 싫고, 무기력해지는 순간 어떻게 대처해야 할까? 전문가들은 역설적이게도 아무것도 하기 싫은 순간, 억지로 몸을 일으켜야 한다고 말한다. 조금씩 움직이다 보면 움직임에 맞춰 몸의 리듬이 회복되기 때문이다. 마찬가지로 말씀에 감흥도 없고, 기도도 하기 싫은 영적인 침체기라면, 하던 것을 내려놓는 것이 아니라 의지적으로 하나님 앞에 가까이 나아가야 한다. 멈추었던 기도의 시동을 다시 걸 때, 기도의 불이 뜨겁게 지펴지는 계기가 된다.

깊은 절망 속에서도

이스라엘에 극심한 가뭄이 계속됐다. 4년째 비 한 방울 내리지 않고 메마른 하늘은 이스라엘을 고통스럽게 한다. 그러던 어느 날, 엘리야가 가뭄으로 걱정하는 아합 왕에게 나타난다. 그리고 이제 곧 이스라엘에 비가 내릴 것이라고 호언장담하자 그때, 거짓말처럼 비가 내리기 시작한다. 3년 6개월 만이다. 엘리야는 너무 기뻤다. 얼마나 기뻤던지 마차를 타고 가는 아합보다 더 빨리 달려갔을 정도다. 이렇게 기뻐 뛰며 달리던 그가 어느 날 로뎀나무에 앉아 생명을 거두어 달라고 하나님 앞에 간청한다. 대체 무슨 일이 있었던 걸까?

엘리야는 갈멜산에서 바알 선지자와 아세라 선지자들과 누가 참 신인지 가리는 대결을 한다. 이 대결에서 엘리야는 승리를 거둔다. 그런데 큰 승리 후, 그에게 예상치 못한 시련이 찾아온다. 아합 왕의 아내 이세벨은 자신의 선지자들이 갈멜산 대결에서 진 후, 엘리야에 의해 모두 죽임당한 것을 알았다. 이와 같은 사실에 엘리야를 죽이겠다고 나선 것이다. 그는 큰 승리를 거뒀지만, 이세벨의 예상치 못한 협박에 부하와 함께 도망친다.

> 그가 … 자기의 생명을 위해 도망하여 … 브엘세바에 이르러 자기의 사환을 … 머물게 하고 자기 자신은 광야로 들어가 하룻길쯤 가서 한 로뎀 나무 아래에 앉아서 자기가 죽기를 원하여 이르되 왕상 19:3-4 °

엘리야는 하룻길 만에 북이스라엘을 지나, 남유다 왕국 최남단 도시인 브엘세바에 도착한다. 부하는 그곳에 남겨두고, 엘리야는 남쪽에 있는 광야로 더 들어간다. 그리고는 로뎀나무 밑에 앉는다. 그는 아무것도 할 수 없을 정도로 의욕도 없고, 의지도 없다. 영적으로나 육적으로 너무 지쳐 있었다. 기운을 완전히 잃은 그는 이제 그만 목숨을 거두어 달라고 하나님 앞에 간절히 간구한다.

> 나는 내 조상들보다 낫지 못하니이다 열왕기상 19:4 °

불과 얼마 전까지 갈멜산 전투에서 850여 명 되는 이방인 선지자들과 맞서 싸운 엘리야이다. 그런데 이제는 더 이상 그런 모습을 찾아볼 수 없다. 무엇이 그를 뒷걸음질 치게 한 걸까? 이토록 무력하게 한 것은 무엇일까?

단지 이세벨의 협박 때문은 아니다. 아무리 열심을 다해 사역을 해도 달라지는 것이 없었기 때문이다. 엘리야는 최선을 다해 사역을 감당해 왔다. 갈멜산에서도 하나님의 임재와 기적을 바라며 모든 힘을 다해 기도했다. 그랬더니 하늘에서 불이 임하는 기적이 일어났다. 게다가 하나님을 믿지 않는 백성도 이 광경을 보고 하나님의 살아계심을 고백했다. 이때 엘리야의 마음은 어땠을까? 내심 기대했을 것이다. 아무리 바알을 섬기는 이세벨이라고 하더라도 놀라운 기적 앞에 하나님을 인정하고 믿게 될 것이라 생각했다.

이런 엘리야의 기대는 얼마 지나지 않아 무너진다. 세상은 바뀌지 않았다. 여전히 그대로다. 오히려 이세벨은 자신을 죽이려 한다. 엘리야는 열심으로 행했던 모든 것이 헛수고처럼 느껴졌다. 그는 기도로 불과 비를 내리며 하나님의 기적과 기사를 행했던 사람이지만, 기대와 소망이 사라지니 사역을 감당할 힘을 잃는다.

그리 아니하실지라도

엘리야는 많은 사람 앞에서 하나님의 이적을 나타냈다. 그 일들을 통해 사역의 열매가 맺히고 세상을 뒤바꿀만한 변화가 일어날 것을 기대하지만, 세상은 그대로다. 기대했던 만큼 실망도 크다. 그러나 하나님은 이 같은 상황에 실망하지 않으셨다. 하나님은 이미 보이지 않는 상황 가운데 일하고 계셨기 때문이다.

운전을 하다 보면 내비게이션이 내가 생각했던 길과 다른 길을 안내할 때가 있다. 그땐 내비게이션이 제대로 작동하는 건지 의심이 되곤 한다. 그러나 나중에 알고 보면 실시간 도로 사정을 고려해 최선의 길을 안내해준 것임을 알게 된다.

우리 인생의 여정도 그렇다. 내가 생각했던 최선이 하나님 보시기에 최선이 아닐 수 있다. 그래서 때로는 하나님께서 내가 생각했던 것과 전혀 다른 길로 인도하실 때가 있다. 해결되기는커녕 문제가 첩첩산중으로 쌓이고, 이전보다 못한 상황이 펼쳐지기도 한다. 그땐, 하나님께 서운하고 실망한다. 이런 마음을 감추지 못한 채, 한탄 섞인 원망을 하기도 한다.

"하나님, 어떻게 이러실 수 있어요. 하나님은 아시잖아요. 힘든 순간마다 하나님을 붙들며 살려고 발버둥 치는데, 제게 왜 이러세요."

눈에 보이는 열매와 내가 바라는 응답이 나타나지 않을 때, 엘리야처럼 하나님을 붙들 힘을 잃을 때가 있다. 그러나 이런 순간에도 기억해야 할 것이 있다. 최악처럼 보이는 상황에서도 하나님은 가장 좋은 길로 인도하고 계신다는 사실이다. 하나님은 어떤 분인가? 우리에게 가장 좋은 것을 주기 원하시는 분이다. 내 생각과 뜻대로 일들이 풀리지 않는다고 할지라도, 하나님은 지금도 우리를 가장 선한 길로 인도하고 계신다. 이것을 신뢰해야 한다.

가나의 혼인잔치 때, 포도주가 떨어졌다. 그러자 예수님께서 하인들에게 항아리에 물을 채우라고 말씀하셨다. 포도주가 떨어졌는데 빈 항아리에 물을 채우라는 예수님의 요구는 말도 안 되는 것이다. 그러나 이때 하인들은 예수님의 말씀에 순종함으로 반응했다. 그리고 그들은 물이 변하여 포도주가 되는 기적의 기쁨을 맛보게 된다. 순종한 자만이 누릴 수 있는 기쁨이다.

지금 내 앞에 펼쳐지는 상황이 도무지 이해되지 않을 때가 있다. 그러나 이해되지 않는 상황임에도 여전히 순종할 때, 하나님은 우리에게 예상치 못한 새길을 내시고 놀랍게 역사하신다.

오랜 기도의 응답이 없어 실망했는가? 아니면 뜻하지 않은 일들이 펼쳐져 좌절했는가? 주님이 원망스러운 이 순간, 모든 상황을 주님께 아뢰고 믿음의 걸음을 걸어야 한다. 너무 힘들어서 기도를 포기하고 싶은가? 기도를 멈추고 싶을 때 다시 한번 기도의 불씨를 지펴야 한다. 기도만이 문제를 해결하는 지름길이다. 기도하는 인생에 답이 있다.

혼자인 것 같을 때

> 또 다시 와서 어루만지며 이르되 일어나 먹으라 네가 갈 길을 다 가지 못할까 하노라 열왕기상 19:7°

엘리야가 무기력하게 누워만 있자 하나님께서 그를 일으켜 먹이신다. 엘리야는 계속해서 먹고 마시며 쉰다. 그리고 하나님은 충분히 쉰 엘리야를 호렙산으로 부르신다. 그는 말씀을 따라 호렙산으로 갔지만, 그 마음에는 여전히 하나님을 향한 원망과 무기력이 있었다. 그는 마지못해 걸음을 겨우 움직인다. 유대 광야에서 호렙산까지 보름이면 갔을 테지만, 엘리야는 무려 40일이나 걸려서 도착한다.

> 내가 만군의 하나님 여호와께 열심이 유별하오니 … 오직 나만 남았거늘 … 오직 나만 남았거늘 왕하 19:10, 14°

엘리야는 충분히 쉬었지만, 마음은 좀처럼 회복되지 않았다. 먹고 마시며 쉬었어도 근원적인 문제가 해결되지 않았기 때문이다. 결국, 그는 하나님 앞에 서럽고 외로운 마음을 토로한다. 하나님 앞에 속마음을 털어놓는다. 마음 깊은 곳에 있던 외로움이었다. 그동안 엘리야는 함께할 동역자가 없어 외로웠다. 하나님께서 이런 엘리야의 마음을 모르실리 없었다. 이때 하나님께서는 강력한 바람과 큰 지진, 활활 타오는 불 뒤에 들릴 듯 말 듯한 작은 음성으로 엘리야에게 나타나신다. 그리고 말씀하신다.

> 엘리사에게 기름을 부어 너를 대신하여 선지자가 되게 하라 … 내가 이스라엘 가운데에 칠천 명을 남기리니 다 바알에게 무릎을 꿇지 아니하고 다 바알에게 입맞추지 아니한 자니라 열왕기상 19:16, 18°

세미한 음성으로 찾아오셔서 그의 마음을 단번에 해결해 주셨다. 하나님은 엘리야의 무기력함이 어디서부터 기인했는지, 그의 탈진이 어디서부터 비롯됐는지 정확히 알고 계셨다. 그리고 마음의 공허함을 꿰뚫어 보신 하나님께서 엘리야에게 믿음의 동역자 7천 명을 남겼다는 깜짝 소식을 전해주신다. 외로워하던 엘리야에게 혼자가 아닐 것을 알려주신 것이다. 이 말을 들을 엘리야는 비로소 마음이 회복됐다. 그의 마음에 힘을 얻자, 곧바로 하나님이 예비하신 사람을 만나러 떠난다.

고난 가운데, 혼자인 것처럼 느껴지는가? 외롭다고 느껴지는가? 철저히 혼자인 것 같은 순간일지라도 우리는 혼자가 아니다. 우리와 함께하시는 하나님이 계시다. 그러므로 어떤 순간에도 입을 열어 하나님의 도우심을 구하며 기도할 수 있다.

하나님은 우리의 마음을 이미 알고 계신다. 엘리야의 외로움을 아시고, 믿음의 동역자 7천여 명을 미리 예비하신 분이다. 우리의 모든 상황과 마음을 아시는 주님이시다. 그런 하나님이 우리의 상황과 필요에 맞춰 때에 맞는 이른 비와 늦은 비를 내리시며 도움의 손길을 보내실 것이다. 이미 준비해놓으셨다. 계속해서 기도하며 나아갈 때, 낙심했던 엘리야가 다시 일어선 것처럼 낙심 중에 있는 모든 인생이 다시 회복될 것이다. 기도할 때, 그 역사는 일어난다.

응답을 받은 후에도

기도의 시작

뉴스를 보다 보면, 종종 '집행유예(執行猶豫)'라는 표현이 등장한다. 집행유예란 유죄의 형(形)을 선고받지만 말 그대로 일정 기간 집행을 미루어 주는 것이다. 이 기간에 모범적으로 자숙하면 죄를 묻지 않는다. 따라서 집행유예가 선고된 피고인은 풀려난다. 이것이 형을 선고받는 사람들이 집행유예를 기대하는 이유이다.

교도소에 가지 않았다고 해서 그들의 죄가 사해지고 완전한 자유를 얻는 것은 아니다. 형의 집행을 유예하는 대신, 그들은 사회로부터 보호관찰을 받을 뿐 아니라 사회봉사와 수강명령 등을 이수하며 자숙의 시간을 보내야 한다. 만약 이때, 법이 정한 약속을 따르지 않으면 오히려 무거운 형을 언도받아 교도소에 들어가게 된다. 즉, 집행유예를 선고받는 것보다 그 이후에 어떻게 행동하느냐가 더 중요한 것이다.

기도도 다르지 않다. 기도응답을 받은 후의 기도가 더 중요하다. 사람들은 대개 급박한 문제 앞에서 뜨겁고 간절하게 기도한다. 그때는 너무 절박한 심정이기에 그 문제만 해결되면 무엇이든 하겠다는 생각으로 하나님께 기도한다. 그러나 막상 문제가 해결되면 어떨까? 입술이 마르고 닳도록 하던 기도의 줄이 어느새 느슨해진다. 언제 그랬냐는 듯이 시치미를 뗀다.

하나님은 이미 말씀을 통해 우리에게 응답하실 것을 약속하셨다. 그 약속을 반드시 이루시고 그 말씀대로 성취하실 것이다. 따라서 그 말씀을 믿고 구하며 이루어지기를 기다리면 된다. 그렇다면 무엇을 위해 기도해야 할까? 응답을 이루기 위함이 아닌, 받은 응답에 감사하며 계속해서 기도를 이어나가야 한다. 응답받았다고 기도가 끝났다고 생각하는가? 그때부터가 기도의 시작이다.

하나님의 약속을 붙들다

이스라엘 왕국의 새로운 왕이 된 다윗은 먼저 예루살렘에 새로운 수도를 세웠다. 새 도시에 왕궁을 짓고 새롭게 세운 성막에는 법궤를 갖다 놓았다. 블레셋에 빼앗겼던 땅도 되찾았다. 일사천리로 국정이 운영됐다. 빠른 시간 안에 나라 안팎을 정리한 덕분에 나라의 정세는 어느덧 안정화 됐다.

그러던 어느 날, 성막을 본 다윗의 마음이 불편했다. 왕궁은 백향목으로 지은 화려한 건물이었다. 그러나 법궤는 장막에 있다. 여호와를 모시는 법궤가 왕궁보다 못한 허름한 곳에 놓여 있다는 사실이 그의 마음을 어렵게 했다. 더는 누추한 천막에 법궤를 둘 수 없다고 생각한 다윗은 선지자 나단을 찾아 성전 건축할 것을 제안했고, 그도 이에 동의한다.

그러나 하나님의 생각은 달랐다. 그날 밤, 하나님은 나단에게 나타나

서서 다윗이 성전 건축하는 것을 막으셨다. 왜였을까? 다윗은 수많은 전쟁을 치렀다. 전쟁을 치르며 많은 사람을 죽였고, 피를 흘리게 했다. 하나님께선 다른 사람의 피를 흘리게 한 다윗을 통해 거룩한 성전을 짓게 할 수는 없으셨다.

> 여호와가 너를 위하여 한 왕조를 세울지라 … 네 아들 중 하나를 세우고 그 나라를 견고하게 하리니 그는 나를 위하여 집을 건축할 것이요 … 나는 그의 아버지가 되고 그는 나의 아들이 되리니 역대상 17:10-13°

하나님은 다윗의 성전 건축은 막으셨지만, 하나님을 위해 성전을 지으려 했던 그 마음을 기뻐하셨다. 그래서 약속하신다. 다윗을 통해 왕조를 세우고, 그 아들을 통해 성전 건축을 이루게 하시겠다고 말이다. 이 약속을 들은 다윗은 어땠을까? 너무 기쁘고 감격스러웠다. 하나님의 약속하심을 들은 다윗은 자신을 겸손이 낮추며 감사의 마음을 올려 드린다.

> 여호와 하나님이여 나는 누구이오며 내 집은 무엇이기에 나에게 이에 이르게 하셨나이까 역대상 17:16°

겸손을 지키다

사람들은 2020년을 '자기 PR시대'라고 부른다. 자신을 부각시키고 자랑해야 살아남는 시대이다. 그러나 자신의 장점을 뽐내는 것만큼 중요한 것이 있다. 바로 내면의 겸손함이다.

2017년 세계에서 가장 많이 팔린 차를 조사한 결과, 1위가 폭스바

겐이었고, 그 뒤를 이어 르노Renault-닛산Nissan-미쓰비시Mitsubishi-도요타Toyota순이었다. 이 중, 도요타는 2008년부터 몇 년 전까지 줄곧 1위를 했던 회사였다. 세계적으로 품질관리가 우수해 소비자에게 신뢰도가 높을 뿐 아니라 마니아층도 두터웠다. 그런데 어느 순간 소비자들이 등을 돌리기 시작했다. 무엇 때문일까?

도요타는 생산량이 늘자 전 세계적으로 공장을 세웠다. 공장이 확장되는 과정에서 관리가 제대로 되지 않아 크고 작은 실수와 문제들이 생겼다. 그러자 품질관리 문제에 대한 제보가 들어오기 시작했다. 그런데 이보다 더 큰 문제는 소비자들의 불만을 들은 경영진의 태도였다. 무엇이 문제인지 원인을 파악하기보다 잘못이 없다는 태도를 보인 것이다. 고객의 작은 요구에도 귀 기울이던 과거의 모습과는 사뭇 달랐다. 그 결과, 2010년대부터 매출에 적신호가 켜졌다. 단골들의 발길이 끊기고 판매량이 줄었다. 결국 세계 자동차 판매량 1위라는 타이틀도 내주게 된다. 도요타는 성공에 젖어 회사가 왜 성장하게 됐는지, 어떻게 성공을 이루어냈는지, 초심을 잃은 것이다. 겸손함을 잃고 나니 성공의 가도를 오르던 회사는 순식간에 내리막을 걷게 됐다.

> 주께서 주의 종에게 베푸신 영예에 대하여 이 다윗이 다시 주께 무슨 말을 하오리이까 주께서는 주의 종을 아시나이다 역대상 17:18

흔히 초심을 잘 지키라고 말한다. 이것을 잘 지킨 사람이 다윗이다. 그는 하나님의 약속을 들었지만, 즐거움에 도취되지 않았다. 오히려 자신을 더욱 낮추며 기도했다. 하나님께 마땅한 감사를 드렸다. 더 놀라운 것은 다윗이 두 번이나 기도했다는 사실이다. 두 번째 기도할 때는 처음보다 더 깊이 자신을 낮추어 기도했다. 그가 연거푸 기도한 까닭은 무엇일까? 먼저는 부족한 자신을 세워 주신 하나님께 감사한 마음 때문이고, 또 하나는 지금 주신 은혜를 잊지 않기 위해서였다.

그는 하나님이 허락하신 은혜를 당연하게 여기지 않았다. 하나님이 주신 축복과 은혜를 받기만 하는 것이 아니라 하나님 앞에 계속해서 감사의 기도를 이어갔다. 게다가 다윗은 철저하게 하나님이 높임 받기를 기도했다.

> 여호와여 … 말씀하신 대로 행하사 … 사람에게 영원히 주의 이름을 높여 이르기를 만군의 여호와는 … 하나님이시라 하게 … 하옵소서
> 역대상 17:23-24°

다윗은 하나님의 약속하심을 받고난 후에도 더욱 힘써 기도했다. 그리고 적당히 기도하지 않았다. 기도하고 또 기도하며 진실된 마음을 드렸다.

하나님의 약속이 이루어질 때, 우리도 다윗처럼 은혜에 감격하고 감사하며 끊임없는 기도를 드려야 한다. 응답을 받는 것보다 중요한 것은 그 이후에도 하나님을 높여 드리는 것이다. 겸손히 자신을 낮추고 하나님의 크심을 인정하며 나아갈 때, 더 큰 은혜의 단비로 역사하신다.

결단하다

> 자기 이름을 위하여 의의 길로 인도하시는도다 시편 23:3°

감사의 기도를 마친 다윗은 자신의 삶에서 하나님의 목적을 인정하고 따르기를 결단한다. 하나님께서 하신 약속이 자신의 뜻이 아닌 하나님 뜻 가운데서 사용되게 해달라고 기도했다. 그는 하나님의 신실하심을 신뢰했기 때문이다.

하나님은 우리를 언제나 가장 좋은 길로 인도하신다. 당장 눈앞에 보이는 결과가 어찌하든 하나님은 약속하신 것을 반드시 이루시고, 우리 삶에 가장 좋은 것으로 채우신다. 우리는 하나님의 약속 앞에서 무엇을 결단해야 하는가? 나에게 주신 약속이 하나님의 선하신 목적 안에 있음을 인정해야 한다. 그리고 그 목적대로 이루어지도록 믿고 따르는 것이다. 그때 하나님은 계획 가운데 우리를 큰 사람으로 세우신다.

> 다윗이 어디로 가든지 여호와께서 이기게 하시니라 역대상 18:6°

하나님은 감사기도를 드린 다윗을 이전보다 높이시고 도우셨다. 그러나 다윗만 이런 약속을 받은 것이 아니다. 사울도 왕이 될 때 하나님의 약속을 받았다. 그러나 사울과 다윗의 반응이 달랐다. 그리고 결과도 달랐다. 사울의 끝자락은 처참했고, 다윗은 영광스러웠다.

그 옛날 다윗에게 약속하신 하나님은 3천 년이 지난 지금도 우리에게 약속하신다. 우리는 그 약속 앞에 겸손하기를 결단해야 한다. 내가 잘나서 받은 약속이 아니다. 그렇기에 하나님이 드러나기를 기도해야 한다. 우리는 하나님을 통해서만 높여져야 한다. 그분께 받은 안전하고 바른 응답이 우리 인생을 굳건히 할 것이다.

가능성을 믿는다면

50%의 가능성

1940년 미국 남부의 한 흑인 가정에 '윌마'Wilma Rudolph 1940.6.23~1994.11.12라는 여자아이가 태어났다. 이 아이는 네 살 무렵 폐렴에 걸린다. 불행 중 다행으로 죽을 고비는 넘기지만, 후유증으로 왼쪽 다리가 휘게 된다. 의사는 다시는 걸을 수 없을 것이라고 말했다. 그러나 윌마는 낙담하지 않고 반드시 걸을 수 있다는 소망을 품었다.

윌마는 엄마 등에 업힌 채, 토요일마다 병원에서 물리치료를 받았다. 불가능한 것 같은 상황에서도 모녀는 포기하지 않았다. 마침내 그녀의 바람은 현실로 이뤄졌다. 4년 후, 보조기구의 도움으로 걸을 수 있게 된 것이다. 그러나 그녀는 여기서 만족하지 않고, 어떤 도움도 없이 혼자 걸을 수 있다는 기대를 가졌다. 그리고 아홉 살이 되던 해, 그녀는 보조기구 없이 스스로 걸어서 학교를 다니게 됐다. 기적이 일어난 것이다.

그녀의 기적은 여기서 끝이 아니었다. 의학적으로 절대로 걸을 수 없다는 판정을 받은 그녀가 세상을 놀라게 했다. 육상선수로서 이름을 알렸기 때문이다. 1956년, 열여섯 살이었던 윌마는 미국 대표로 호주 멜

버른 올림픽에 출전하여 동메달이라는 쾌거를 거둔다. 이후 스무 살에는 로마 올림픽 100m, 200m, 400m 계주에서 모두 금메달을 목에 걸며 세계에서 가장 빠른 여인으로 우뚝 섰다. 어떤 순간에도 희망의 끈을 놓지 않았던 윌마는 말했다.

"태양이 빛나는 한, 나는 무엇이든 할 수 있습니다. 어떤 산도 못 넘을 것이 없고, 어떤 어려움도 극복하지 못할 것이 없습니다."

옛 속담에 "오르지 못할 나무는 쳐다보지도 마라."라는 말이 있다. 불가능한 일은 애초에 시작도 하지 말라는 것이다. 그런데 만약 그녀가 걸을 수 없다는 진단을 받고 나서 걷기를 포기했다면, 반전의 기적이 있었을까? 포기하면 바뀔 가능성이 0%이지만, 포기하지 않고 끝까지 해보면 50%의 가능성이 된다.

우리의 인생에도 답이 없어 보이는 상황이 찾아온다. 불가능한 상황으로 좌절하고 절망한다. 때로는 포기하고 싶은 순간들을 마주하기도 한다. 그러나 이때, 믿음의 사람은 포기하는 것이 아니라 기도로 하나님을 붙들어야 한다. 인간적인 방법으로는 해결할 수 없는 막막한 상황일지라도 기도하면 하나님이 역사하신다. 우리의 인생이 막혀 있다면, 이제 기도로 그 길을 열어야 할 때이다.

동행하심을 구하라

다윗은 이스라엘의 두 번째 왕으로 사울과 달리, 어떤 상황에서도 하나님을 경외하며 섬겼다. 이 마음의 중심을 보신 하나님께서 그에게 놀라운 약속을 주셨다.

"내가 너와 너희 가문과 너희 나라를 견고하게 지킬 것이다."

이 약속대로 다윗은 하는 일마다 승승장구했다. 특별히 골리앗을 무찔렀던 영웅답게, 전쟁에서 놀라운 성과를 거두었다. 이전 같으면 막아내기에 급급했을 블레셋, 모압을 속국으로 만들었다. 이스라엘의 세력은 점차 확장되어 서쪽과 동쪽까지 뻗었다. 서쪽과 동쪽을 평정한 다윗은 이제 북쪽으로 가서 아람과 전쟁했다. 아람은 블레셋, 모압보다 국력이 훨씬 강한 나라였다. 게다가 다윗의 소문을 들은 이웃나라들이 합세하여 이스라엘에 맞서다 보니, 다윗은 다른 때와 달리 고전했다. 그런데 그때 다윗에게 충격적인 소식이 들려왔다. 에돔이 군사 수만 명을 이끌고 이스라엘로 오고 있다는 것이다. 아람과의 전쟁을 위해 대부분의 군사가 차출되어 본국이 비어 있었다. 이 틈을 타서 에돔이 쳐들어온 것이다. 아람과의 전쟁에서 물러나 본국으로 돌아간다면, 아람에게 뒤를 공격당할 게 틀림없었다. 그렇다고 아람과 계속 전쟁을 치르자니 나라가 위험해질 수밖에 없다. 도움을 구할 동맹국도 없다. 아무리 고심해도 마땅한 수가 없었다. 이때 다윗은 왕의 막사에 들어가 울며 기도한다.

하나님이여 주께서 우리를 버려 흩으셨고 분노하셨사오나 시편 60:1°

다윗은 기도의 시작과 함께 하나님 앞에서 감정을 쏟아냈다. 그리고 자신을 둘러싼 어려움을 놓고, 하나님을 원망했다. 그 원망의 마음이 얼마나 컸는지, 바로 뒤에 또다시 원망했다.

주께서 주의 백성에게 어려움을 보이…셨나이다 주를 경외하는 자에

게 깃발을 주시고 진리를 위하여 달게 하셨나이다 시편 60:3-4°

그의 감정이 얼마나 격양되어 있었는지 하나님이 하신 약속을 기억하며 따져 물었다. 전쟁이 좋은 사람은 없다. 다윗도 좋을 리 없었다. 왕궁에서 편히 쉬는 편이 훨씬 좋았다. 그러나 하나님은 다윗에게 분명 "내가 너와 네 나라를 견고하게 하리라."라고 약속하셨다. 다윗은 이 약속을 믿고 세상을 향해 나아갔다. 그런데 어려운 상황에 놓이고 말았다. 그가 하나님을 원망한 데는 그럴만한 이유가 있었던 것이다.

우리도 다윗과 같은 원망과 불평을 쏟아낼 때가 있다. 하나님의 약속하심을 가지고 나아갔는데 전혀 다른 방향으로 일이 흘러가고 막힐 때, 당황스럽다. 심지어 도우시는 손길도 느껴지지 않으면, 하나님이 너무 원망스럽다. 다윗이 그런 마음으로 한참을 원망하며 기도했다.

지금은 우리를 회복시키소서 시편 60:1°

원망은 다윗의 솔직한 심정이었다. 그러나 다윗은 고난 중에서도 하나님을 바라보고 의지하는 사람이었다. 그는 이내 원망을 넘어 다시 하나님의 동행을 간구했다.

주의 오른손으로 구원하시고 응답하소서 시편 60:5°

너무 지쳐서 내려놓고 싶은 순간, 감사한 게 없고 기도도 나오지 않는 그때, 원망을 넘어 믿음으로 하나님의 동행하심을 구해야 한다. 원망은 문제를 해결할 수 없다. 그러나 원망을 넘어 하나님께 기도할 때 능력과 힘을 더하신다. 그때 다시 일어날 수 있다.

2018년 7월, 인도네시아에서 일어난 일이다. 아딜랑Aldi Novel Adilang이라는 열여덟 살 된 청년이 해변에 묶인 뗏목 위에서 일하고 있었다. 그런데 강풍이 불면서 뗏목을 묶은 줄이 끊어졌다. 뗏목은 정처 없이 흘러가고, 그때부터 아딜랑은 바다 위에서 표류하게 된다. 비상식량을 갖고 있었지만, 1주일 만에 떨어졌다. 그는 식량이 바닥나자 뗏목에 있던 도구로 물고기를 잡아 허기진 배를 채웠다. 식수는 비에 젖은 옷을 짜내어 목을 축였다. 그러나 바다에 표류하는 시간이 길어지자 지쳐갔다. 1주일, 2주일, 3주일 … 무엇보다 시간이 지날수록 극심한 공포가 몰려왔다. 자살의 유혹이 강하게 밀려왔다. 그때, 평소 부모님이 했던 이야기가 뇌리에 스쳤다.

"힘들고 고통스러울 때 하나님께 기도하렴. 그럼 고통이 줄어들 거야."

청년은 곧바로 기도했다. 두렵고 떨리는 시간 속에서 성경을 보고 기도하며 버텼다. 그리고 마침내 표류한 지 49일 만에, 1,920km 떨어진 괌에서 극적으로 구조된다.

예기치 못한 어려운 상황으로 마음에 원망이 몰려올 때가 있다. 하나님께 서운한 마음과 섭섭함이 교차되며 원망할 수도 있다. 그러나 우리의 기도가 원망으로만 끝나선 안 된다. 하나님의 동행을 믿고 구해야 한다. 그때 하나님께서 소망과 힘을 주심으로 환난 날을 감당할 수 있도록 인도하실 것이다.

승리를 선포하라

다윗은 암담한 현실에서 하나님을 원망하기도 했지만, 다시 도우심을 구하며 기도했다. 막다른 골목에서 하나님의 말씀을 기억하고 되새겼다.

"일전에 북이스라엘도, 유다도, 다 주님의 것이라고 하신 말씀을 기억합니다. 모압도, 에돔도, 블레셋도 내 손에 있다고 하신 주님의 말씀을 기억합니다."

신학자들은 다윗이 기도할 때, 유독 하나님의 말씀이나 약속을 많이 인용한다고 말한다. 그냥 기도해도 될 텐데, 왜 말씀을 인용하는 걸까? 그것은 하나님의 뜻에 어긋나지 않기 위해 가이드라인을 점검하는 것이다. 감정에 치우치지 않기 위해서였다.

> 우리를 도와 대적을 치게 하소서 사람의 구원은 헛됨이니이다 우리가 하나님을 의지하고 용감하게 행하리니 그는 우리의 대적을 밟으실 이심이로다 시편 60:11-12

다윗은 마지막으로 하나님의 승리를 선포하며, 기도를 마쳤다. 이때 다윗은 승리를 장담할 수 없었다. 심지어 수세에 몰리는 상황이었다. 그러나 마음에 올라오는 의심을 몰아내고 믿음으로 고백했다. 현실이 아닌 하나님만 바라보고 승리를 고백한 것이다.

일이 엎질러지고 상황이 가로막힐 때 해야 할 기도는 다윗과 같은 선포이다. 사람의 생각으로는 도무지 피할 길 없고 해결할 방법이 없는 것 같을지라도, 믿음으로 하나님의 승리를 선포해야 한다. 하나님이 이기게 하실 것을 끝까지 믿고 선포할 때, 승리를 허락하실 것이다.

욥은 아라비아의 큰 부자로, 하나님을 신실하게 믿은 사람이다. 그런데 그는 사탄의 시험으로 모든 것을 다 잃어버렸다. 재산도 빼앗기고, 자녀들도 죽고, 아내까지 떠났다. 게다가 악성피부병까지 생겼다. 이런 그의 소식을 듣고 찾아온 친구들은 그를 정죄했다. 이런 상황 가운데 하나님은 그를 돕지 않으신다. 고통 가운데 내버려두셨다. 욥은 이런 하나님을 잠시 원망했지만, 놓지 않는 한 가지가 있었다.

> 그가 … 일하시나 내가 만날 수 없고 그가 … 돌이키시나 뵈올 수 없구나 그러나 내가 가는 길을 그가 아시나니 그가 나를 단련하신 후에는 내가 순금 같이 되어 나오리라 욥기 23:9-10°

욥은 하나님을 원망하는 순간에도 하나님의 승리를 선포했다. 그러자 하나님은 욥에게 두 배의 축복을 더해주신다. 끝까지 인내했던 욥은 진짜 승자였다. 다윗 역시 욥과 같이 끝까지 기도하며 하나님께 매달렸다. 그러자, 놀라운 일이 일어났다.

> 아비새가 소금 골짜기에서 에돔 사람 만 팔천 명을 쳐죽인지라 역대상 18:12°

이스라엘 군대장관 요압과 그의 형제 아비새가 얼마 안 되는 병력을 이끌고 에돔 군대를 만나러 간 것이다. 전력상으로는 절대 이길 수 없는 싸움이었다. 그러나 결과는 달랐다. 에돔 군인 1만 8천여 명을 사살하며 남쪽까지 완전히 평정하게 된다. 적은 병력으로 어떻게 이렇게 큰 승리를 거뒀을까? 이유는 하나다. 하나님의 도우심이 있었기 때문이다. 에돔이 쳐들어오고 있다는 소식을 들었을 때만 해도 다 끝난 것 같았지만, 이 역경이 기회가 됐다.

현실을 보면 하나님의 도우심이 의심될 때가 있다. 그러나 우리 눈에 보이지 않아도, 하나님은 지금도 여전히 우리를 위해 일하고 계신다. 하나님의 약속이 의심되고 원망스러운 순간, 하나님의 승리를 선포해야 한다. 상황과 관계없이 하나님의 승리를 선포할 때, 마침내 우리 삶 가운데 약속을 성취하시는 하나님을 발견하게 될 것이다. 모든 것이 끝인 것 같은 순간일지라도 하나님을 끝까지 붙들 때, 반전은 시작된다.

슬플 때나 기쁠 때나

실망할 수밖에 없는 상황에서

히스기야는 남유다 왕국의 열세 번째 왕이다. 그의 인생을 보려면, 그의 아버지 아하스 왕부터 살펴봐야 한다. 히스기야가 아홉 살 때쯤 아버지 아하스가 남유다의 왕이 되었다. 아하스는 당시 중동의 강대국이었던 앗수르에게 복종했다. 앗수르에게 조공을 바치기 위해 매년 백성에게 많은 세금을 걷었다. 심지어 하나님을 섬겨야 할 성전에서 앗수르 신에게 제사를 지냈다. 그 결과, 아하스는 앗수르의 보호 아래 왕권을 지킬 수 있었다. 그러나 이러한 아버지를 본 히스기야는 자신은 아버지와는 다른 왕이 되겠다며 결심했다.

시간이 흘러 아버지가 죽고, 히스기야가 스물다섯 살에 왕이 됐다. 그때 그는 성전에 있던 앗수르 제단을 헐고 성전을 복구했다. 또 유월절 절기를 지키며 나라 곳곳에 있던 산당을 모두 없애 버렸다. 경제 정책으로는 백성의 조공 부담을 줄이고 자본을 모았다. 그리고 곳곳에 요새를 세워 앗수르와의 전쟁을 준비했다.

약소국인 남유다가 강대국과 맞서겠다고 하자, 모두가 비웃었다. 그러나 히스기야는 "하나님은 믿는 자를 이기게 하신다."라는 확신으로 그가 왕이 된 지 13년 만에 남유다의 독립을 선언했다. 그러자 이 소식을 듣고 분노한 앗수르는 유다를 침공하기 시작했다. 어떻게 되었을까?

> 앗수르의 왕 산헤립이 올라와서 유다 모든 견고한 성읍들을 쳐서 점령하매 열왕기하 18:13 °

앗수르의 힘은 너무 강했다. 그 결과 수년 동안 공들여 세운 요새가 부서지고 엄청난 배상금도 물어야 했다. 또한 예루살렘까지 포위를 당했다가 극적으로 살아남았지만, 이 전쟁으로 남유다는 예루살렘 중심의 도시 국가로 전락했다. 경제적으로 부흥했던 유다 왕국은 다시 가난한 약소국으로 후퇴했다. 그런데 처참한 패배 앞에 낙담한 히스기야에게 또 다른 시련이 다가왔다.

> 그 때에 히스기야가 병들어 죽게 되매 … 이사야가 … 이르되 여호와의 말씀이 너는 집을 정리하라 네가 죽고 살지 못하리라 하셨나이다 열왕기하 20:1 °

히스기야가 병에 걸려 점점 죽어가고 있었다. 전쟁을 준비하며 얻은 피로와 패배로 인한 충격에 그는 괴로웠을 것이다. 그러니 어쩌면 그의 병은 당연한 결과일 수도 있다. 그런데 이때, 선지자 이사야가 다가와 말했다.

"하나님의 말씀입니다. 왕은 곧 죽을 것이니 후계자를 정하십시오."

청천벽력 같은 소리였다. 그동안 그는 하나님을 믿으면 그분이 지키시고 승리할 것이라 믿었다. 그래서 사람들의 비웃음에도 하나님을 붙잡았다. 그러나 믿음의 결과는 모든 걸 잃게 했고, 질병까지 얻었다. 죽음의 위기에까지 처했다. 거기에 하나님은 고쳐주시지 않는다고 한다. 이런 하나님을 뭐 하러 믿겠는가? 누구라도 실망감이 드는 것이 당연하다. 이 상황에 히스기야는 어떻게 반응했을까?

> 히스기야가 낯을 벽으로 향하고 여호와께 기도하여 이르되 여호와여 구하오니 내가 진실과 전심으로 주 앞에 행하며 주께서 보시기에 선하게 행한 것을 기억하옵소서 하고 … 심히 통곡하더라 열왕기하 20:2-3

그가 힘겹게 일어나서 벽을 보고는 통곡했다. 여기까지는 보통의 사람과 비슷하다. 그런데 그 통곡의 내용을 자세히 보면, 우리의 예상을 완전히 뒤집는다.

"하나님! 아시지요? 모두가 비웃어도 하나님을 믿었던 것을 아시지요? 하나님 앞에서 바르게 살려고 했습니다. 부디 기억하셔서 낫게 해 주십시오."

모든 걸 포기한 신세 한탄이 아니었다. 하나님에 대한 믿음을 가지고 고쳐달라고 기도했다. 그가 기도하는 자세를 다시 보자. 오직 하나님만 바라보기 위해 벽을 바라보고 기도한다. 사실 지금의 상황에선 하나님에 대한 실망에 견딜 수 없어서 폭발해야 정상이다. 그런데 그는 실망을 넘어, 자신의 운명을 하나님께 맡긴다. 그러자 하나님께서 말씀하신다.

> 여호와의 말씀이 내가 네 기도를 들었고 네 눈물을 보았노라 내가 너를
> 낫게 하리니 … 내가 네 날에 십오 년을 더할 것이며 열왕기하 20:5-6 °

당신의 계획을 바꿔 히스기야를 고치시겠다고 선언하셨다. 왜 히스기야의 기도에 응답하신 걸까? 그것은 실망할 수밖에 없는 상황에서도 하나님을 붙들었기 때문이다. 기도는 내가 좋을 때만 하는 것이 아니다. 어떠한 실망으로 괴롭고 힘들 때도, 그것을 넘어 하나님을 붙들고 기도해야 한다.

혹시 지금 내가 하나님께 대한 실망으로 괴로움 가운데 있다면, 다시 한번 기도해야 한다. 울부짖어도 좋고, 발버둥 쳐도 좋다. 그래도 다시 한번 기도해야 한다. 그럼에도 기도할 때, 하나님이 그 마음을 아시고 우리를 가장 선하고 좋은 것으로 이끄실 것이다.

회복되었을 때에도

히스기야가 실망을 넘어서기 위해 발버둥을 치며 기도하자 하나님께서 이사야를 통해 약속하셨다.

"3일 뒤면 완전히 나아서 성전에 올라가게 될 것이다. 그리고 지금부터 너에게 15년의 수명을 더 줄 것이다."

이 응답을 들은 히스기야는 믿을 수 없었다. 그래서 그는 이렇게 부탁했다.

"솔직히 못 믿겠습니다. 더 확실히 믿을 수 있도록 증표를 주십시오."

그러자 하나님께서는 시간을 뒤로 물러가게 하심으로, 그가 가지고 있던 일말의 실망과 불신조차 사라지게 하셨다. 그렇게 회복된 히스기

야는 다시 나라를 복구하고 바쁘게 살아갔다.

그러던 어느 날, 바빌론의 사신들이 남유다에 방문했다. 이 당시 바빌론도 앗수르에 맞서 독립운동을 하고 있었는데, 히스기야가 아프다는 소식을 듣자 찾아온 것이다. 히스기야는 뜻밖의 방문에 신이 나서 그들과 이야기하다가 갑자기 이런 제안을 한다.

"다들 처음 오셨죠? 내가 통치하는 나라가 얼마나 대단한지 보여주겠습니다."

그러더니 직접 사신들을 데리고, 왕궁 곳곳을 보여줬다. 얼마나 신났는지 왕궁의 온갖 금고와 군사시설까지 보여줬다. 그 후, 사신들이 돌아간 후에 이사야가 찾아와 그들과 어떻게 지냈는지 물었고, 그는 그동안있었던 일을 이야기했다. 그러자 이 모든 것을 들은 이사야가 분노하며 말했다.

> 여호와의 말씀이 날이 이르리니 왕궁의 모든 것 … 바벨론으로 옮긴 바 되고 … 아들 중에서 사로잡혀 … 환관이 되리라 하셨나이다
>
> 열왕기하 20:17-18

히스기야가 자랑했던 모든 것이 심판을 받는다는 말이다. 그리고 그 말대로 정확히 115년 뒤에 유다 왕국은 멸망하게 된다.

간절한 기도로 하나님을 감동시키고 죽을병까지 나았던 히스기야는 왜 이런 책망을 받게 되었을까? 기도의 진짜 핵심은 하나님을 높여야 그 기도가 완성된다는 것이다. 하나님께서는 히스기야의 기도에 응답하실 때, 이렇게 말씀하셨다.

내가 네 날에 십오 년을 더할 것이며 … 내가 나를 위하고 또 내 종 다윗을 위하므로 이 성을 보호하리라 열왕기하 20:6 °

"내가 나를 위하고"

하나님께서는 자신을 위해 히스기야를 살리신 것이다. 그런데 히스기야는 바빌론 사신들 앞에서 처음부터 끝까지 자기 자랑만 했다. 하나님께 감사하며 영광을 돌리기 위해 고침을 받았지만, 그것이 자기 자랑을 위한 도구가 되었다.

간절하게 기도하여 병이 나았다고 해서 그 기도가 끝난 것이 아니다. 건강한 몸으로 하나님의 이름을 높일 때, 기도가 완성된다. 그런데 우리 대부분은 고침을 받았을 때만 감사하고, 건강한 몸이 되어선 다시 내 미래와 야망을 위해 살아갈 때가 많다.

2013년, 남아프리카의 보츠나와Botswana에서 사자와 사람이 꼭 껴안고 있는 사진이 찍혔다. 이 사진 속엔 특별한 사연이 담겨 있다. 사진 속 그루너라는 독일 청년은 오래전에 죽을 뻔했던 새끼 사자를 구해서 키웠다. 그러는 사이에 사자는 건강을 되찾았는데, 부득이하게 헤어지게 된다. 그리고 3년 뒤, 청년 그루너가 이 사자를 찾아간다. 성인이 된 사자가 그를 기억할지, 혹시라도 사자의 본능이 나오면 어떻게 해야 할지 두려웠다. 그런데 놀랍게도 사자는 그루너를 기억하고, 어린아이처럼 그의 품에 안겼다. 사람들은 이 광경을 보며 사자도 은혜를 기억한다며 신기해했다.

우리도 그래야 하지 않을까? 의사의 손길이든, 어떤 기적이든 그것을 통해 하나님께서 회복시켜주심을 믿는다면, 그 은혜를 기억하며 감사해야 한다. 그것은 하나님을 높이고 기억하도록 주신 축복의 사인^{Sign}이다. 그때, 우리는 하나님을 기억하며 전심으로 예배하는 예배자, 삶을 다해 기도하는 진실한 기도자가 되어야 한다.

결단과 다짐이 필요한 순간

환난과 능욕 앞에서도

느헤미야는 수사의 왕궁에서 근무하던 관리다. 어느 날, 그의 동생 하나니와 친구들이 유대에서부터 그를 보기 위해 왔다. 오랜만에 본 느헤미야와 하나니는 반갑게 대화를 나눴다. 그때 느헤미야가 예루살렘과 유다는 상황이 어떠한지 물었다. 그러자 하나니와 친구들이 놀라운 이야기를 전한다.

> 남아 있는 자들이 그 지방 거기에서 큰 환난을 당하고 능욕을 받으며
> 예루살렘 성은 허물어지고 성문들은 불탔다 하는지라 느헤미야 1:3 °

예루살렘 성벽과 성문이 무너진 폐허로 남아있어 사방이 뚫려 있는데, 그 틈을 타서 주변 민족이 예루살렘을 약탈하고 조롱한다는 것이다. 이 말을 들은 느헤미야는 먹먹한 가슴을 참을 수 없었다. 이 얘기를 듣고, 그는 곧바로 기도하기 시작했다.

그는 제일 먼저 이스라엘 민족이 지었던 죄악을 회개했다. 이것은 이스라엘의 고난을 하나님의 탓으로 돌리지 않으려는 몸부림이었다. 그리고는 하나님이 주신 말씀으로 하나님의 긍휼하심을 구했다. 또한 마지막엔 이렇게 간구했다.

주여 구하오니 … 오늘 종이 형통하여 이 사람들 앞에서 은혜를 입게 하옵소서 느헤미야 1:11°

"하나님! 이 민족을 위해 일할 수 있도록 제게 앞길을 열어주십시오."
느헤미야는 그저 감정에 따라 기도하지 않았다. 며칠을 고민한 끝에 결심하고 금식하며 결단의 기도를 드렸다. 이 모습이 당연하게 느껴질 수도 있지만, 결코 당연한 일이 아니었다. 그는 포로 4~5세대쯤 되는 유대인 동포다. 오늘날로 치면 미국에 이민 가서 정착한 한인교포 4~5세대다. 보통 교포 3세대쯤 되면 겉만 한국인일 뿐, 그 외 모든 것은 외국인이라고 생각한다. 이 당시 유대인들도 자신을 스스로 이방인으로 생각한 사람이 많았다. 그런 점에서 느헤미야가 모든 것을 내려놓고 유대인들을 돕기로 결단한 것은 결코 평범한 일이 아니었다.

느헤미야는 페르시아의 왕궁에서 관리로 일하는 유대인이다. 지금으로 보면 미국의 백악관에서 일하는 한인 교포이다. 그냥 살던 대로 살면 편안하게 살 수 있는 위치이다. 그런데 느헤미야는 달랐다. 이름도 모르고 얼굴도 모르는 유대인들을 생각하며 먹먹해 했다. 더 나아가 그들을 위한 일이라면 무엇이든 하겠다고 결단하며 기도했다. 그는 왜 유대인과 함께 아파하며 결단한 것일까?

> 주여 … 종의 기도…를 들으시고 느헤미야 1:11

느헤미야는 자신을 종, 즉 하나님께 속한 사람으로 말했다. 자신을 성공한 페르시아 관리로 생각하지 않고, 하나님께 속한 하나님의 백성으로 생각한 것이다. 그렇기에 유대인의 소식은 단순한 우리 민족의 소식 그 이상이었다. 하나님이 택하신 백성이 고통당한다는 소식으로 들렸다. 그래서 그는 유대인의 수모를 함께 아파하며 자신이 할 수 있는 일을 고민했다. 그리고 그가 결단하고 기도하자, 하나님께서 응답하셨다.

> 그 때에 내가 왕의 술 관원이 되었느니라 느헤미야 1:11

느헤미야가 자신의 정체성을 바르게 세우고 결단할 때, 하나님께서 그 결단과 기도대로 길을 열어 주셨다.

우리도 살다 보면 무언가를 결단하고 기도해야 할 때가 온다. 그때 기억할 것은 내가 누구인지 바른 정체성을 세워야 한다는 것이다. 그리고 결단하며 기도해야 한다. 우리는 누구인가? 바울은 이렇게 말한다.

> 너희는 그리스도의 몸이요 고린도전서 12:27

또 선지자 이사야는 이렇게 말한다.

> 이 백성은 내가 나를 위하여 지었나니 나를 찬송하게 하려 함이니라 이사야 43:21

우리는 누군가의 부모요, 친구요, 동료이기도 하지만, 그보다 더 중요한 정체성은 하나님의 백성이다. 어떤 시기를 맞든지 우리는 하나님의 백성임을 기억하며 기도해야 한다. 슬픈 때를 지나든, 암흑 같은 시기를 지나든 그 순간 하나님을 찾고 하나님 앞에 설 때, 하나님께서 응답하시고 앞길을 여실 것이다.

더딘 응답 가운데서도

느헤미야는 하나님의 은혜로 왕의 술관원이 됐다. 술관원은 왕에게 술을 드리기 전, 먼저 자신의 손바닥에 약간의 술을 부어 맛을 본다. 술에 독이 있는지 살피기 위함이다. 왕 가까이에 있을 수 있었던 술관원은 왕의 신임을 얻기 좋은 직책이었다. 그러나 왕은 느헤미야에게 어떤 말도 걸지 않고, 늘 술만 받았다. 느헤미야가 할 수 있는 일은 그저 주어진 일을 감당하는 것뿐이었다. 묵묵히 자신의 일을 감당하던 느헤미야에게 기회가 찾아왔다. 평소처럼 술을 바치고 있는 그에게 왕이 갑자기 말을 걸은 것이다.

"자네, 안색이 왜 그리 좋지 않느냐?"

느헤미야는 이것이 하나님께서 왕과 이야기하도록 주신 기회라 생각했다. 그는 왕의 물음에 대답했다.

"사실은 제 고향이 고통을 당하고 있어서 괴롭습니다."

그리고는 그동안 마음속에 담아두었던 일을 말하며, 잠시 예루살렘에 가서 성을 건축할 수 있도록 요청했다. 떨리는 마음으로 왕의 대답을 기다리고 있는데, 왕이 너무 쉽게 허락하는 것이다. 심지어 그 옆에 있던 왕후도 그에게 무엇을 지원할지 물었다.

느헤미야는 왕의 술관원이 된 지 넉 달 만에 결단하고 기도한 대로 예루살렘에 가게 되었다. 또한 생각하지 못했던 왕의 임명으로 유대 지역의 총독이 되어 지원 조서를 들고 예루살렘에 입성하는 데 성공했다.

느헤미야의 이야기를 보며, 한 가지 생각해볼 것이 있다. 과연 그는 왕의 허락을 받는 4개월의 시간을 어떻게 보냈을까? 아마도 처음엔 왕의 술관원으로 임명받고 곧 기회가 올 것이라 생각하며 설레었을 터다. 그러나 시간이 지나도 좀처럼 기회가 오지 않자, 초조하고 답답했을지 모른다. 그러나 그 가운데서도 그가 놓지 않으려고 한 것이 있다. 그것은 결단을 잊지 않는 것, 그리고 그 결단이 하나님 앞에 바른 것이 되기를 원하는 마음이었다.

느헤미야는 이것을 놓고 날마다 기도했다. 그러자 때가 되어 하나님이 왕과 대화할 기회를 주시고, 가장 좋은 방법으로 유대인들에게 갈 수 있도록 인도하셨다. 바로 여기에 결단기도를 위한 핵심이 있다. 그것은 바로 시기보다 방향이 중요하다는 것이다.

우리는 무언가를 결심하고 나면, 빨리 이루어져야 한다고 생각해서 마음이 조급해진다. 그러나 그것이 이루어지는 때는 하나님만이 아신다. 우리가 해야 할 일은 하나님이 이루실 그 날을 믿고 감사하며 기다리는 것이다. 또한 하나님 앞에서 결단의 방향이 빗나가지 않도록 항상 기도하며 마음을 지키는 것이다. 그래서 바울은 이렇게 권면한다.

> 오직 깨어 정신을 차릴지라 … 항상 기뻐하라 쉬지 말고 기도하라 범사에 감사하라 이것이 그리스도 예수 안에서 너희를 향하신 하나님의 뜻이니라 데살로니가전서 5:6, 16-18°

하나님 앞에 결단의 방향이 바르면, 하나님은 반드시 길을 여신다. 가장 좋은 때에, 가장 좋은 것으로 우리를 도우신다. 그러므로 중요한 것은 시기가 아니라 방향이다. 한번 결단기도를 드렸다고 만족하지 않아야 한다. 날마다 기도하며 그 결단을 바르게 세워, 느헤미야처럼 가장 좋을 때 응답받는 인생이 되어야 한다.

When _____

어떠한 상황 가운데 있을지라도 믿음으로 기도합니다.

하나님!
나는 주님의 것입니다.
내 생명, 내 삶, 내가 가진 모든 것이 주님의 것입니다.

때때로 중요한 갈림길에서
결단하고 가야 할 길을 정해야 할 때가 오거든
먼저 주님의 자녀임을 기억하게 하시고
가장 먼저 기도하도록 붙잡아 주소서.
때때로 원망이 올라올 때
먼저 기도하고 주님을 더 붙잡게 하소서.
눈앞에 벌어진 일에 조급하기 전에
먼저 내 인생길이 하나님 앞에 바른지 돌아보게 하소서.

삶이 험난할수록 주님께 기도하게 하소서.
넘어졌다고 주저앉지 않게 하시고
믿음으로 다시 일어나서 살아가게 하소서.
낙심되고 무기력할 때, 힘을 주시는 주님을 만나게 하시고
외면받아 외로울 때, 함께 하시는 주님을 만나게 하소서.

잘 되었을 때도 감사, 아쉬울 때도 감사.
잘 되었을 때도 반성, 아쉬울 때도 반성.
잘 되었을 때도 기대, 아쉬울 때도 기대로 아뢰는
주의 백성 되게 하소서.
일이 끝난 뒤에
자신이 한 일을 자랑하는 사람들과 같지 않게 하소서.
우연을 이야기하는 사람들과 같지 않게 하소서.
다만, 모든 일을 하나님께서 이루셨다고 고백하는
주의 백성 되게 하소서.
하나님께는 겸손하게 하시고
세상에는 당당할 수 있는 인생이 되게 하소서.

항상 기뻐하고, 언제나 기도하며
모든 일에 감사하는 자가 되게 하소서.
시작만 화려한 기도가 아니라
마감이 아름다운 기도가 되게 하소서.
굳은 결심과 맹세를 끝까지 이어가는
향기로운 기도자가 되게 하소서.

예수님의 이름으로 기도합니다. 아멘.

Chapter. 3

Where

나의 기도 자리는 어디입니까?

개인에게 주신 비전과 사명이 다르듯
각 사람에게 허락하신 삶의 영역과 자리가 다르다.
어느 곳에 있든 내가 있는 이곳이
하나님께 나아가야 할 기도의 자리이다.
어떤 상황에 있든 어떤 자리에 서 있든
주님을 의지하며 기도하자.
기도함으로 나아갈 때, 우리가 서 있는 그 자리가
하나님이 역사하시는 자리가 될 것이다.
회복과 능력이 있는 기도의 자리에 서자.

구별된 기도의 자리

기도의 때와 자리

우리는 장소에 따라 옷을 구별해 입고 그에 따라 행동도 달라진다. 예를 들어 결혼식에 참석할 땐 단정하게 옷을 차려입고, 장례식장에 갈 땐 어두운 옷을 입는다. 또한 운동할 땐 운동복을 입고, 잠을 잘 땐 잠옷을 입으며, 학생들은 등교할 때 교복을 입는다. 이처럼 장소의 성격에 맞게 옷을 갖춰 입는 것은 당연하고 중요하다. 만약 결혼식에 참석하는 사람이 운동복을 입거나 운동하러 가는 사람이 정장 차림으로 간다면 어떻게 될까? 움직이기 불편할 뿐만 아니라 장소와 어울리지 않는, 부자연스러운 모습을 연출하게 될 것이다.

 장소에 따라 옷이 달라지고 태도가 달라지는 것처럼, 기도 또한 특별한 곳에서 해야 할 때가 있다. 기본적으로는 우리가 있는 그곳이 기도의 자리이지만, 특별한 상황과 이유로 기도의 자리를 준비해야 한다. 그리고 하나님과 만나는 특별한 장소를 준비하는 행위는 내 마음과 뜻과 삶을 구별하여 내어드리는 행위이다. 이를 통해 하나님께서는 우리의 마음을 기쁘게 받으신다.

막막한 곳에서

이스라엘 백성은 애굽에서의 계속된 노예생활로 고통스러운 날들을 보내고 있었다. 소망 없는 그들에게 하나님은 젖과 꿀이 흐르는 땅을 약속하셨다. 그리고 그들을 애굽에서 구원하기 위해 한 사람을 보내셨다. 바로 모세다. 모세의 인도에 따라 이스라엘 백성은 애굽을 탈출하게 됐다. 꿈에 그리던 일이 이루어진 것이다. 그들은 이제 이곳에서 벗어나 좋은 땅에 간다고 환호하며 하나님을 찬양했다. 그러나 그들은 곧 당황했다. 눈 앞에 펼쳐진 곳은 좋은 땅이 아니라, 광야였기 때문이다. 그곳엔 물도 없고 먹을 것도 없었다. 낮에는 무덥고, 밤에는 추웠다. 하나님이 날마다 만나를 주셨지만, 이스라엘 백성은 불만스러웠다.

그들은 구름기둥, 불기둥을 따라가다가 르비딤이라는 곳에 멈췄다. 뜨거운 광야에서 한참을 걷고 나니 어른, 아이 할 것 없이 목말랐다. 그러나 그곳엔 물이 없었다. 당장 물을 구할 수 있는지 찾아보지만, 찾을 수가 없었다. 여기저기서 목이 마른 아이들이 울었지만 해줄 수 있는 것이 없었다. 그들은 앞이 보이지 않았다. 막막하고 아무것도 할 수 없다는 무력감이 그들의 마음을 두렵게 했다.

> 그들이 모세에게 대하여 원망하여 이르되 출애굽기 17:3

결국, 그들은 모세를 원망하며 독설을 쏟아냈다. 이 모든 게 모세 때문이라고 외치며, 그의 멱살을 잡고 흔들었다. 모세 역시 답답하기는 마찬가지였다. 자기에게 맡겨진 이스라엘 백성이 목마르다고 아우성치는데, 당장 물을 구할 방법이 없으니 말이다. 모세라고 이 상황이 원망스럽지 않았을까? 하지만 그는 달랐다. 그는 불평, 불만을 내뱉는 이스라엘 백성과 달랐다. 절망하지 않았다. 오히려 담담했다. 상황은 최악인데 어떻게 그럴 수 있었을까?

모세가 여호와께 부르짖어 이르되 출애굽기 17:4°

그는 막막한 상황에서 하나님께 기도했다. 모세는 사람에게 도움을 구하는 것이 아니라 오직 하나님께 도움을 구했다.

여호와께서 모세에게 이르시되 출애굽기 17:5°

하나님이 모세를 부르셔서 지시하셨다.
"너는 지팡이를 가지고 내가 지시한 바위에 올라가라. 그리고 지팡이로 반석을 쳐라. 그러면 그곳에서 물이 나올 것이다."
그리고 모세가 그 말씀대로 행하자, 놀랍게도 반석에서 물이 나왔다. 모두가 터져 나오는 물을 마시며 갈증을 해소했다. 모세를 통해 막막한 문제가 해결된 것이다.
여기서 중요한 점이 있다. 이스라엘 백성과 모세, 모두 현실이 막막했고 이 문제가 해결되기를 간절히 바랐다. 그러나 모세만이 이 상황을 극복할 수 있었다. 왜 모세만이 해결할 수 있었을까? 무엇이 달랐던 걸까?
모세만이 하나님께 부르짖었기 때문이다. 이스라엘 백성은 막막할 때, 모세에게 해결을 요청했다. 하지만 모세는 기도했다. 그 결과, 없던 길이 생기며 문제가 해결됐다.

인생을 살다 보면 막막하고 답답한 순간이 온다. 그때, 사람들은 절망하며 아무나 붙들고 도와달라고 요청한다. 그러나 믿는 자는 절망하지 않는다. 아무나 붙들지 않는다. 왜냐하면 그때가 하나님이 주신 기회임을 믿기 때문이다.

만약 내 앞에 놓인 현실이 힘들고 아무것도 할 수 없어서 어렵다면, 내 앞에 다가온 기도의 기회를 놓치지 않아야 한다. 막막한 그 자리에서 더욱 기도함으로 문제가 해결되는 인생이 되어야 한다.

두려운 곳에서

모세의 기도를 통해 목마름을 해결한 이스라엘 백성은 한시름을 덜고 안심했다. 하지만 잠시 후 더 큰 일이 닥쳤다. 이스라엘을 엿보던 아말렉이 앞에 있던 혼란을 틈타 침공한 것이다. 아말렉은 광야에 살면서 약탈을 전문적으로 하던 사막 민족이다. 누군가를 침략하고 죽이고 약탈하는 일에 능숙한 사람들이다. 반면 이스라엘은 지금까지 노예로만 살던 사람들이다. 군사훈련은 받아본 적도 없다. 이스라엘 군사는 말만 군사였지, 오합지졸이었다.

그러니 아말렉을 본 이스라엘 백성은 얼마나 놀라겠는가? 얼마나 두렵고 당황했는지, 서 있는 자리에서 한 발짝도 움직이지 못했다. 몸도 마음대로 따라주지 않았다. 아무리 용기를 내려고 해도 도무지 용기가 나지 않는 상황이었다. 그러나 단 한 명, 모세만 당황하지 않았다. 그는 우선 이스라엘을 군대로 모으고, 여호수아에게 전쟁을 지시했다. 그리고 나서 하나님께 기도하기 위해 자리를 떠났다.

두려울 때일수록 똘똘 뭉쳐 두려움을 이겨내야 한다. 그러니 모세는 무리와 함께 있어야 했다. 이 전쟁의 승패에 따라 이스라엘 민족의 운명이 결정될 수도 있는 상황이다. 무조건 이겨야 했다. 때문에 모세는 리더답게 두려움에 떠는 백성의 사기를 북돋아 두려움을 이길 수 있도록 해야 했다.

> 모세가 여호수아에게 이르되 … 내일 내가 하나님의 지팡이를 손에 잡고 산 꼭대기에 서리라 … 모세와 아론과 훌은 산 꼭대기에 올라가서
> 출애굽기 17:9-10°

그런데 그는 무리와 떨어져 산꼭대기에 올라갔다. 그리고 그곳에서 기도했다. 그가 올라가는 동안 어쩌면 전쟁이 아말렉의 승리로 끝날 수도 있었다. 상황이 어떻게 되고 있는지 알 수 없는 두려움 때문에 올라가는 길이 괴로웠을 것이다. 그럼에도 그는 왜 산꼭대기에 올라갔는가?

그는 하나님을 더 가까이 만나기 위해 올라갔다. 이 당시 사람들은 하나님이 하늘에 계신다고 믿었다. 그래서 산에 올라가면 하나님과 더 가까이 만날 수 있다고 생각했다. 혼자만 남겨진 것 같은 두려움 속에서도 모세는 하나님을 더 가까이 만나기 위해 올라간 것이다.

우리는 두려움에 휩싸일 때, 좀처럼 하나님을 보기가 쉽지 않다. 하나님을 찾는 것이 어렵다. 당장 눈앞에 놓인 두려움이 너무 커 보이기 때문이다. 그러나 하나님은 우리가 그런 상황에 놓여있을 때도 당신을 찾기 원하신다. 두려운 곳에서 하나님만 붙잡고 나아가길 원하신다. 그리

고 두려운 곳에서도 하나님만 붙잡는 믿음이 있을 때, 하나님께서는 결코 외면하지 않으신다. 우리를 붙드시고, 반드시 두려움 가운데서 건져내신다. 우리 하나님은 그런 분이다.

집중할 수 있는 곳에서
모세는 르비딤 옆에 있는 산꼭대기로 올라갔다. 아마 노구(老軀)를 이끌고 산꼭대기까지 올라가는 것은 결코 쉽지 않았을 것이다. 그래서 모세는 다음날이 되어서야 기도할 수 있었다. 사실, 산에 올라가면 전쟁이 어떻게 되는지 잘 안 보일 수도 있다. 그러나 모세는 전쟁이 어떻게 진행되고 있는지는 중요하지 않았다. 더 중요한 것은 하나님 한 분께 집중하며 기도하는 것이었다.

　모세는 하나님을 믿었기 때문이다. 하나님 한 분께 집중하면, 그 다음은 하나님이 도우시고 책임지실 것을 믿었다. 그래서 그는 산꼭대기에서 하나님을 향해 두 손을 들고 기도했다. 그때, 놀라운 일이 벌어졌다.

> 모세가 손을 들면 이스라엘이 이기고　출애굽기 17:11 °

하나님만 바라보며 기도했더니, 하나님께서 책임지기 시작하신다. 모세가 손을 들 때마다 이스라엘이 이기게 하신 것이다. 물론 시간이 지나면서 위기도 있었다. 모세가 지치면서 팔이 자꾸 내려왔다. 그때, 그는 아론과 훌에게 팔을 잡아 달라고 부탁했다. 그러자 두 사람은 모세를 큰 돌 위에 앉게 하고 팔을 붙잡아준다. 그리하여 모세는 전쟁이 끝날 때까지 팔을 올리고 기도했고, 그 결과 하나님께서 기도에 응답하심으로 이스라엘은 승리했다.

하나님은 무엇을 보시고, 모세와 이스라엘을 이기게 하셨는가? 하나님만 바라보고 그분께만 집중하기 위해 산꼭대기를 찾았던 모세의 믿음을 보시고 기뻐하셨다.

때로 우리는 이렇게 말한다.

"하나님은 기도하면 어디서나 다 들으셔."

맞는 말이다. 하나님께서는 어느 곳에나 계시며 듣고 계신다. 그렇다고 아무 곳에서 부르짖는 것이 기도일까? 아니다. 가족이나 친구와 대화할 때, 아무 데서나 말하고 대화했다고 하지 않는다. 서로를 바라볼 수 있는 곳이나 목소리를 잘 들을 수 있는 곳에서 집중하며 대화해야, 제대로 대화했다고 한다.

기도도 그렇다. 하나님을 바라보고 하나님의 음성을 잘 들으며, 하나님께 집중할 수 있는 자리에서 기도할 때 제대로 기도했다고 할 수 있다. 그러므로 우리는 하나님께 집중할 수 있는 기도의 자리를 찾아야 한다.

나에게는 하나님께 집중하기 위한 자리가 있는가? 가정이든, 직장이든, 학교든, 아니면 교회의 어느 곳이든 하나님께 집중할 수 있는 기도의 자리를 정하고 만들어야 한다. 그리고 그곳에서 기도할 때, 하나님이 그 손을 붙드시고 이기게 하시는 인생이 될 것이다.

기도의 시작과 끝에서

용두사미? 용두용미!

1945년에 2차 세계대전이 끝나자, 유럽에서는 과거사를 바로잡기 시작했다. 그러나 우리나라의 상황은 좀 달랐다. 그동안 일제는 친일파에게만 교육의 기회를 주었기에, 해방 이후에도 친일파는 계속 주요 관직에 머물렀다. 그들이 없으면 인프라가 흔들렸기 때문이다. 사람들은 새로운 정부가 잘못된 부분을 빨리 잡아주기를 원했다. 그리고 1948년 8월 15일, 우리나라는 친일파를 청산하기 위해 '반민족행위특별조사위원회', 소위 '반민특위'라는 기관을 만들었다. 그러나 반민특위가 세워진지 1년만인 1949년 8월 15일, 아무것도 하지 못한 채 해산된다. 여러 방해로 활동을 할 수가 없었기 때문이다. 결국 우리나라는 잘못된 과거를 제대로 청산하지 못하게 된다.

시작과 다르게 끝이 흐지부지해지는 경우를 종종 볼 수 있다. 예를 들면, 탄탄한 구성과 빠른 전개로 호응을 얻던 드라마가 후반으로 갈수록 내용이 산으로 가거나 늘어지면서 막을 내린다. 이런 경우를 가리켜

'용두사미(龍頭蛇尾)'라고 부른다. 용의 머리와 뱀의 꼬리라는 뜻으로, 처음은 좋지만 끝이 좋지 않은 것을 일컫는다. 시작만큼이나 끝맺음도 중요하다.

신앙생활도 그렇다. 우리는 매번 기도와 말씀읽기를 굳게 결심한다. 그러나 마음이 변하고, 바빠지고, 힘들게 되면서 흐지부지 끝나는 경우가 다반사다. 우리가 하나님 앞에 결단했다면, 결심에서 그치지 않고 끝까지 지켜나가는 것이 중요하다. 용처럼 시작해서 뱀처럼 끝나는 신앙이 아니라, 용처럼 시작하여 용처럼 마무리하는 신앙이 되어야 한다.

응답받은 후 기도

하나님이 아브라함에게 약속하신 것처럼 그가 100세 되던 해에 아들 이삭을 얻는다. 그리고 시간은 흘러 어느덧 아들 이삭이 결혼할 나이가 된다. 이삭이 40살이 되던 무렵이었다. 아브라함은 그의 늙은 종 엘리에셀을 불러, 자신의 고향으로 가서 이삭의 아내를 찾아올 것을 부탁한다.

> 그가 이르되 우리 주인 아브라함의 하나님 여호와여 원하건대 오늘 나에게 순조롭게 만나게 하사 내 주인 아브라함에게 은혜를 베푸시옵소서 창세기 24:12°

엘리에셀은 아브라함의 말을 따라 그의 고향으로 향했다. 그러나 모든 것이 막막한 현실이었다. 이삭의 아내가 될 만한 좋은 여자를 만날 수 있을지도 확실하지 않았고, 설령 만난다고 해도 그 여자가 가나안에 따라올 수 있을지 알 수 없었다. 아무것도 보이지 않는 상황 가운데, 엘리에셀은 무엇을 했을까? 그는 아브라함의 형제가 있는 땅에 이르러, 제일 먼저 하나님께 기도드렸다. 약속을 이루실 분이 하나님이심을 알았기에, 주어진 사명을 감당하기 전 먼저 기도한 것이다.

기도의 내용은 구체적이었다. 우물에 앉아서 물을 달라고 할 때, 낙타에게도 물을 주겠다고 하는 여인을 만나면 하나님이 주신 사람이라고 여기겠다고 했다. 그는 기도를 마치고 우물에 앉았다. 그러자 한 소녀가 물동이를 메고 우물에 왔다. 종은 그 소녀에게 목이 마르니 물을 줄 수 있냐고 물었다. 그러자 소녀는 급하게 물을 떠서 종에게 물을 줄 뿐 아니라 낙타의 물도 챙겨주었다. 하나님의 응답이었다. 그는 이어서 소녀의 출신을 물었다. 대답을 듣고 깜짝 놀란다. 이삭의 5촌 조카였기 때문이다. 다른 누구보다 아브라함이 안심할 수 있는 사람이었다. 이삭의 아내감으로 더없이 좋은 사람을 만난 것이다. 사실 아브라함의 종은 할 수 있는 게 없어서 기도했다. 그때, 하나님께서 종의 기도를 들으시고, 그 고민을 단번에 풀어주셨다.

> 이에 그 사람이 머리를 숙여 여호와께 경배하고 이르되 … 하나님 여호와를 찬송하나이다 … 주의 사랑과 성실을 그치지 아니하셨사오며 … 길에서 나를 인도하사 내 주인의 동생 집에 이르게 하셨나이다 하니라 창세기 24:26-27°

그는 다급할 때만 매달리지 않았다. 응답을 받은 후에도 하나님께서 하신 일을 고백하고, 영광을 돌리며 기도했다. 종은 기도로 시작하고, 기도로 마친 사람이었다.

한 청년과 이야기를 나눈 적이 있다. 한때 유학을 준비했으나 실패하고, 직장에 다니고 있는 청년이었다. 이런저런 대화를 나누다가 혹시 유학 가지 못한 것을 후회하지 않는지 물었다. 그러자 청년은 유학을 못 간 것은 아쉽지 않다고 말했다. 다만 유학을 준비하면서 교수님들의 많은 도움을 받았는데, 이후 감사의 인사를 제대로 드리지 못해 아쉬움이 남는다고 했다. 당시에는 진학하지 못했다는 사실 때문에 마음을 추스리느라 연락드릴 겨를이 없었다고 한다. 시간이 지난 후에는 이미 연락할 때를 놓친 것 같아 말씀드리기가 어려웠다고 했다.

우리의 기도도 그런 때가 있다. 다급할 때는 도와달라고 기도하지만, 응답받고 나면 하나님의 도우심과 은혜를 잊게 된다. 일이 해결되고 나니 잊어버리는 것이다. 그러나 아브라함의 종은 달랐다. 기도의 시작과 끝이 모두 하나님을 향했다. 하나님의 은혜로 일이 해결되었음을 인정하고 영광을 돌린다. 이를 통해 하나님께서는 그 종의 기도를 기뻐 받으시고, 그는 결국 하나님께 쓰임 받는 인생이 되었다.

다급할 때만 하나님을 찾는 것이 아니라 기도의 응답 후에도 하나님이 하신 일에 합당한 영광을 올려 드릴 때, 하나님은 그 마음의 중심을 보신다. 그때 더 선하고 좋은 길로 이끄시며, 그 삶을 통해 더 큰 일을 이루실 것이다.

어떤 문제에 앞서 하나님을 찾는 것은 중요하다. 그에 못지 않게 중요한 것이 있다. 기도의 시작과 끝을 하나님께 맞추는 것이다. 하나님의 도우심과 은혜를 잊지 않고, 응답을 받은 자리에서도 기도한 아브라함의 종처럼 말이다.

하나님께 영광 돌리는 기도

하나님의 도우심을 알게 된 종은 리브가에게 코걸이와 팔찌를 주었다. 이에 놀란 리브가는 집으로 뛰어가, 오빠 라반을 우물가로 불렀다. 당시 중동에는 손님을 환대하는 문화가 있었다. 그래서 라반은 종을 집으로 데려와 식사를 대접했다. 종은 그 자리에서 자신을 소개한 뒤 이야기를 이어간다. 리브가를 만나기 전에 이삭의 아내를 구하기 위해 하나님께 기도한 이야기, 하나님께서 그 기도 가운데 응답하신 이야기를 상세히 전했다. 그리고는 하나님의 인도하심을 고백했다.

> 내 주인 아브라함의 하나님 여호와께서 나를 바른 길로 인도하사 …
> 택하게 하셨으므로 창세기 24:48 °

종은 모든 여정 가운데 하나님의 인도하심을 인정했다. 내가 마을을 잘 골라서, 내가 우물을 잘 골라서, 내가 눈썰미가 좋아서, 기가 막힌 우연이라고 이야기하지 않았다. 오직 하나님의 은혜임을 고백했다. 리브가를 만나게 된 것은 하나님의 뜻임을 확신했다.

이 이야기를 들은 오빠 라반과 아버지 브누엘은 당황스러웠다. 그들은 리브가가 마을의 좋은 집안과 결혼하기를 기대했기 때문이다. 그들은 종의 말을 거절할 방법을 모색했다. 오죽하면 그 당시의 관습에도 없는 당사자의 의견까지 물었다. 그러나 모든 노력으로도 하나님의 인도하심을 막을 수는 없었다. 결국 리브가와 이삭은 결혼하게 되고, 종은 자신의 기도가 완전히 이루어지는 것을 눈앞에서 보게 된다.

이 종도 처음 아브라함의 부탁을 들었을 땐, 막막했다. 어디서부터,

어떻게 해야 좋을지 알지 못했다. 그래서 그는 더욱 간절함으로 기도했다. 그러자 하나님께서 기도를 들으시고 응답하셨다. 뿐만 아니라 종은 성공했을 때와 응답받았을 때 그것을 자신의 공로로 취하지 않았다. 오히려 그 자리에서 하나님께 합당한 영광과 감사를 올려 드렸다.

우리의 기도가 온전히 이루어지기 위해서는 모든 영광을 하나님께 돌려야 한다. 누구를 만나든지, 어디서든지 "하나님께서 하셨습니다."라는 고백을 할 때, 그 기도는 완벽한 마침표를 찍게 된다.

우리의 삶 가운데 하나님의 영광을 가로챈 적은 없는지 점검해야 한다. 하나님이 하신 일을 마치 나의 힘으로 이룬 것으로 착각하진 않았는지, 혹은 나의 노력과 열심으로 이룬 것으로 여기며 기도를 잊진 않았는지 살펴봐야 한다.

워싱턴주립대학Washington State University 금융관리학의 노프싱어John Nofsinger 교수가 2005년에 발표한 논문에 따르면, 창업을 시작하는 사람들의 70% 이상이 성공을 확신한다고 한다. 특히 자기 힘으로 성공을 이루어 본 사람의 확신은 더욱 크다고 한다. 그러나 그중 창업에 성공하는 사람은 30%도 되지 않는다. "내가 말이야"와 같은 말이 결국 수많은 사람을 실패로 이끈다는 것이다.

우리의 신앙생활도 마찬가지이다. 하나님의 은혜로 문제를 해결 받지만, 어느 순간 나를 외치며 하나님의 도우심을 잊을 때가 있다. 그러나 정말 하나님의 주권을 인정한다면, 우리 문제의 결과가 어떠하든 모든 것을 통해 하나님께 영광을 돌려야 한다.

거창하고 굳은 의지로 기도를 시작하는 것도 중요하다. 하지만 그것보다 더 중요한 것은 끝맺음이다. 마무리가 잘되어야 온전한 기도이다.

절박한 마음으로 하나님 앞에 기도했다면, 반드시 하나님께 영광 돌리는 기도도 있어야 한다. 우리의 모든 삶 가운데 하나님께 영광을 올려드리는 고백이 넘쳐야 할 것이다.

우연을 기도의 계기로 삼아라

하나님을 부르기만 해도

2018년 5월, 한 취업포털 사이트에서 자녀가 있는 맞벌이 직장인 500명에게 설문조사를 했다. 먼저 자녀가 있는 여성 직장인에게 '당신은 독박육아를 하고 있습니까?'를 물었다. 응답자의 70%가 '네'라고 대답했다. 그럼 남성 직장인들의 생각은 어땠을까? 자녀가 있는 남성 직장인들에게 아내가 독박육아를 하고 있는지를 묻자, 무려 84%가 '아니오'라고 대답했다. 즉, 참여한다는 뜻이다. 많은 남편이 육아를 돕고 있다고 생각했다. 그러나 대다수의 아내가 볼 때는 돕지 않은 것과 같았다. 동상이몽이다.

그래서인지 많은 남편이 좋은 아빠 되기가 어렵다고 하소연한다. 특별히 아빠들은 아이와 어떻게 놀아줘야 하는지 몰라 어려움을 겪는다. 한 육아 블로거는 이야기한다.

"아이와 함께 놀아주는 것을 어렵게 느끼지만, 사실 어렵지 않다. 하나만 잘 기억하면 된다. 바로 리액션! 아빠가 과장된 표현과 소리만 해줘도 아이들은 큰 기쁨을 얻기 때문이다."

　많은 사람이 어떻게 기도해야 하는지 궁금해한다. 기도를 어떻게 시작해야 할지, 무엇을 말해야 하는지 감이 안 오기 때문이다. 기도할 때, 무엇을 기억하면 될까? 어렵지 않다. 크고 작은 일에 오직 하나님의 이름을 부르기만 하면 된다. 우리가 하나님의 이름을 부를 때, 기도는 이미 시작됐다.

하나님의 부르심, 기도의 시작

모세는 이집트에서 노예로 살던 이스라엘 백성의 가정에서 태어났다. 이집트 바로 왕은 이스라엘 노예들에게 남자가 태어나면 모두 죽일 것을 명령했다. 그러나 모세의 어머니는 그 명령을 어기고, 대신 아이를 상자에 넣어 강에 흘려보냈다. 그런데 때마침 목욕하러 나왔던 이집트의 공주가 그 상자를 발견했다. 뚜껑을 열어보니, 이스라엘 남자아기였다. 마음먹기에 따라 죽일 수도 있었다. 하지만 하나님이 공주에게 감동을 주셨고, 공주는 그 아기를 자기 아들로 삼는다. 이렇게 모세는 이집트 왕궁에서 철저한 이집트 사람으로 양육을 받게 된다. 그러나 그가 가슴에 늘 잊지 않던 것이 있었다. 바로 이스라엘 사람이라는 정체성이다. 왕궁에 유모로 들어온 친어머니로부터 교육받으면서 정체성을 배운 것이다. 그때부터 모세는 노예 생활로 고통당하는 이스라엘 민족을 주목했다. 그들의 신음에 함께 아파하고, 그들의 고통에 가슴앓이했다.

　그러던 어느 날, 청년이 된 모세는 이스라엘 민족을 괴롭히던 이집트 관리를 보게 된다. 그 장면을 보고 분노한 모세는 이스라엘 민족을 돕기 위해 이집트 관리를 몰래 죽인다. 그러나 그 사건으로, 모세는 도망칠 수밖에 없는 도망자 신세로 전락한다.

도망자가 된 그는 시내 광야에서 새로운 삶을 살게 된다. 그곳에서 만난 미디안 제사장의 딸과 가정을 꾸린다. 이집트의 왕자였던 그는 이제 처가에서 양을 치며 이전의 삶과는 전혀 다른 삶을 살았다. 왕실에서 누렸던 부귀와 영화는 없지만, 모세는 행복했다. 가난하지만 걱정할 일이 없었기 때문이다. 그렇게 평범하게 산 지 40년이 되던 날, 그는 자신의 일생을 바꾸는 결정적인 사건을 만나게 된다.

모세는 양 떼를 이끌고 호렙산이라는 곳으로 갔다. 흔히 시내산으로 불리는 이 호렙산은 바위로 만들어진 돌산이다. 광야 자체가 일교차가 크고 건조하지만, 이곳은 유독 심했던 터라 풀 한 포기 찾기가 힘들었다. 그래서 그곳의 몇몇 오아시스 주변에 사는 유목민들이나 양들을 키우지, 외부의 유목민들은 웬만하면 오지 않는 곳이 호렙산이다. 그런 곳에 모세가 양들을 이끌고 갔다. 유목할 곳을 찾아 헤매다가 마땅한 곳이 없자 어쩔 수 없이 호렙산에 이르게 된 것이다. 그곳에서 모세는 신기한 광경을 목격하게 된다.

> 모세가 … 호렙에 이르매 … 그가 보니 떨기나무에 불이 붙었으나 그 떨기나무가 사라지지 아니하는지라 _출애굽기 3:1-2_°

모세 앞에 있던 떨기나무가 불에 활활 타는 것이다. 때때로 뜨거운 사막바람이 부는 건기 때 강렬한 햇빛을 오래 받으면, 자연적으로 불이 붙는 때가 더러 있다. 그러면 보통 지글지글 소리를 내며 나무가 그을려야 한다. 또 불씨가 여기저기 떨어지면서 주변에도 불을 내야 된다. 그런데 좀 이상하다. 나무가 그을리지 않고, 주변이 타지도 않는 것이다. 어떻게 된 일인지 보려고 다가가는데, 그때 한 음성이 모세의 귓가에 들렸다.

> 모세야 모세야 하시매 그가 이르되 내가 여기 있나이다 … 나는 네 조상의 하나님 … 아브라함의 하나님, 이삭의 하나님, 야곱의 하나님 이니라 출애굽기 3:4-6 °

하나님이 모세를 불렀다. 하나님과 모세가 대화하기 시작한 것이다. 이것이 모세에게는 첫 기도의 시작이다. 여기서 주목해야 할 것은 모세의 의지로 이런 일들이 시작되지 않았다는 점이다. 어쩔 수 없이 호렙산을 가게 됐고, 뜻하지 않게 떨기나무를 봤다. 그 우연한 일에서 주님이 모세를 부르시고, 그 부름에 응답하니 기도가 시작된 것이다.

기도의 필요성을 알지만, 기도를 시작하는 것에 대해 많은 사람이 부담을 느낀다. 대개 기도는 우리의 결심으로 시작된다고 생각하기 때문이다. 그러나 모세는 우연히 만난 일에서 하나님의 부르심에 답하며 불렀더니 거기서 기도가 시작됐다. 그렇다. 기도는 우리의 의지나 결단이 아닌, 하나님의 부르심에서 시작된다.

어려움의 순간, 기도하다

뜻하지 않은 어려움의 순간이 닥칠 때, 다들 피할 수만 있다면 피하고 싶어 한다. 그러나 전화위복(轉禍爲福)이라는 사자성어처럼 때로는 우리 앞에 불어 닥친 불행이 오히려 위기가 아닌 기회가 되기도 한다.

수원의 한 파출소에 60대 할머니가 잡혀 왔다. 가사도우미 일자리를 구하려고 인력사무소를 찾던 중, 무단횡단을 하다가 걸린 것이다. 홀쭉한 몸에 치아는 거의 없고, 추리한 행색은 한눈에 봐도 가족의 돌봄이 전혀 느껴지지 않았다.

경찰은 할머니의 신원을 조회하던 중, 뜻밖의 사실을 발견하게 된다. 할머니는 가족들과 연락이 끊겨 지낸 지 28년째라는 것이었다. 사연을 들어보니 남편이 사업에 실패하고 먼저 세상을 떠나자, 할머니에게 조울증 증세가 찾아왔다. 조울증으로 정신병원에서 치료를 받다 퇴원한 뒤, 그대로 실종된 것이다. 그렇게 가족들과 헤어진 지 어느덧 28년이 됐다. 정신이 돌아오고 난 후 가족들을 그리워했지만, 찾을 방법이 없었던 할머니는 체념한 채 살고 있었다. 이 모든 사정을 알게 된 경찰들은 급히 이 할머니의 가족들을 수소문했다. 그리고 얼마 뒤, 열두 살 때 헤어져 마흔이 된 아들과 연락이 닿았다. 어머니를 찾았다는 소식에 아들이 한달음에 달려왔다. 드디어 어머니와 아들이 극적으로 만났다.

처음에 경찰에게 잡혔을 때, 할머니는 가족을 찾게 될 것이라고 짐작조차 하지 못했을 것이다. 그러나 어느 날 펼쳐진 우연이 할머니의 인생을 새롭게 바꾸는 계기가 됐다. 할머니는 무단횡단으로 경찰서에 잡혀 왔다가 가족을 만나게 되고, 모세는 유목할 곳을 찾지 못해 호렙산에 왔다가 하나님의 부르심을 받았다. 세상의 눈으로 바라보면 경찰에 잡히고 유목할 곳을 찾지 못한 것은 불행이자 위기일 수 있다. 그러나 절대 그렇지 않다. 할머니와 모세, 모두 뜻하지 않은 일과 원치 않는 순간이었지만 그것들이 계기가 되어 새로운 축복을 얻었다.

지금 내게 감당할 수 없을 만큼 어려운 문제들이 있는가? 그것은 절대 불행이 아니다. 삶이 휘청거릴 만큼의 위기도 아니다. 하나님 앞에 나아갈 수 있는 계기, 바로 하나님을 만날 수 있는 기회이다. 내게 펼쳐지고 있는 크고 작은 일들 가운데 하나님의 이름을 부르고 있다면, 이미 기도는 시작됐다. 우리에게 펼쳐진 모든 우연을 기도의 계기로 삼아야 한다. 하나님의 이름을 부를 때, 우리의 기도가 열리고 마침내 그 기도는 응답될 것이다. 그 기도의 자리가 인생을 바꾸는 희망의 터가 될 것이다.

슬픔을 마주한다면

슬픔을 딛고 일어서다

2018년에 개봉된 한 영화가 사람들의 관심을 끌었다. 1951년 한국전쟁 당시 폴란드로 갔던 전쟁고아들의 이야기를 담은 다큐멘터리 영화,「폴란드로 간 아이들」이다. 우수한 작품성만큼이나 화제가 된 것은 다름 아닌 이 영화의 연출을 맡은 감독 추상미였다. 배우로 낯익은 그녀가 한동안의 공백기를 깨고 오랜만에 얼굴을 드러냈기 때문이다. 게다가 배우가 아니고 감독으로 데뷔한 배경에 이목이 쏠렸다.

그녀는 결혼 후 5년 만에 임신을 했다. 그러나 감사함과 기쁨도 잠시, 산후우울증으로 힘겨운 시간을 지나왔다. 눈 뜨면 울고, 눈감으면 악몽을 꿨다. 불안이 얼마나 심했던지 손까지 떨었다. 그녀의 산후우울증 증세는 나아질 기미가 없었다. 날이 갈수록 더욱 심해졌다. 이대로 있다가는 죽을 것 같다는 생각이 든 그녀가 그 굴레를 벗어나기 위해 선택한 것이 영화였다. 산후 우울증을 극복하기 위해 영화를 만들기 시작한 것이다. 그녀는 먼저 우울증에 매몰되지 않기 위해 여기저기 다니며 소재를 찾았다고 했다. 그러다 우연히 북한 아이들의 이야기를 접한 것이 영화를 만드는 계기가 됐다. 그리고 감독으로 다시 대중 앞에 선 그녀는 우울증을 겪은 모습은 전혀 찾아볼 수 없을 정도로 매우 밝아 보였다. 추 감독은 한 언론과의 인터뷰에서 이렇게 고백했다.

"이 영화를 통해서 제일 달라진 것은 저였습니다. 이 영화를 통해 제 안에 있던 아픔들을 끊을 수 있었기 때문입니다."

앞으로 나아가기 위해서는 과거의 굴레를 끊고, 이전에 겪은 감정을 잘 털어내야 한다. 한 인생의 성공과 실패를 평가할 때, 우리는 흔히 그가 이룬 성과를 본다. 그러나 많은 성과를 이루었다고 하더라도 과거에 머물러 있는 인생은 더 이상 성장하지 못하고, 앞으로 나아가지도 못한다. 따라서 새로운 미래를 시작하기 위해서는 반드시 이전의 기억에서 벗어나야 한다.

아픈 트라우마를 지니고 살아가는 사람들도 마찬가지다. 과거의 아픔과 상처는 현재를 살아가는 데 있어 거침돌이 된다. 그렇다면 어떻게 과거의 슬픔을 극복할 수 있을까? 성경은 기도에 그 답이 있다고 말한다. 굴곡지고 사연 많은 인생길을 걸어간다고 할지라도 끝까지 기도하는 사람은 반드시 과거의 슬픔을 딛고 새로운 미래를 연다.

원망 대신 찬양을

다윗은 베들레헴의 유력자였던 이새의 막내아들이다. 유력자의 아들이지만, 장정한 형이 위로 일곱 명이나 있던 탓에 언감생심 왕이 될 꿈은 꾸지도 못했다. 어릴 때부터 그저 목자로 성실히 일하며 평범한 삶을 그렸다. 그러던 어느 날, 그에게 사무엘 선지자가 찾아왔다. 그리고 뜻밖의 일이 일어났다. 막내인 다윗이 형들을 제치고 왕으로 임명된 것이다. 평범했던 그의 삶에 놀라운 일이 일어났다.

이것은 시작에 불과했다. 얼마 뒤, 체구가 작은 다윗이 귀골이 장대한 블레셋 장군 골리앗을 상대로 승리를 거두게 된다. 아무도 제압하지 못했던 골리앗을 단번에 쓰러뜨렸으니 온 나라가 그의 승리로 더욱 떠들썩했다. 이 일로 다윗은 한순간에 영웅이 됐다. 그는 명성을 얻었고, 왕의 사위가 된다. 그러나 다윗의 좋은 날은 오래가지 못했다.

다윗의 유명세와 인기가 날로 더해질수록 그를 향한 사울 왕의 질투는 거세졌다. 마침내 왕은 그를 죽이려고 마음먹었다. 다윗은 사울 왕의 살해 위협에 왕궁을 떠나 도망쳐야 했다. 한순간에 도망자 신세가 됐다. 그러나 이스라엘 곳곳에는 사울의 정보원들이 있었다. 다윗은 사울에게서 도망쳐 나왔지만, 어디서도 안전할 수 없었다. 그래서 다윗은 큰 결심을 내린다. 이스라엘을 벗어나기로 한다.

그 당시 이스라엘 주변에는 사울에게 반감을 가진 나라들이 많았다. 다윗은 얼마든지 그런 나라로 이주해 환영받으며 정착할 수 있었다. 그러나 다윗은 뜻밖의 도시를 선택했다. 바로 골리앗의 고향이던 '가드'였다. 왜 하필이면 골리앗의 고향이었을까? 다른 나라들로 가면 환영은 받겠지만, 이용당할 가능성이 컸기 때문이다. 그러나 가드는 골리앗을 쓰러뜨린 다윗에 대해 아직 불편한 마음이 남아 있었다. 다윗은 그곳에서 살아남기만 하면 이용당하지 않고, 자유롭게 움직일 수 있다고 판단했다. 그는 가드에 도착해, 왕 아기스에게 신변을 부탁한다. 그러나 왕의 반응이 좋지 않았다. 게다가 다윗을 의심하는 상황이었다. 직감적으로 '죽겠구나' 생각한 다윗은 살기 위해 마지막 카드를 꺼낸다.

미친 연기를 한 것이다. 다윗은 울고 웃고, 대문을 긁적거리고, 침을 질질 흘렸다. 이 모습을 본 아기스는 의심의 여지없이 감쪽같이 속았다. 덕분에 다윗은 왕에게 결박당하지 않고 왕궁 밖으로 쫓겨난다. 병사들은 다윗을 향해 발길질하고 침을 뱉었다. 살아남았지만, 수치스럽고 모욕적이었다. 그러나 상황을 모면할 다른 방도가 없었기에 계속 미친 척을 할 수밖에 없었다. 병사가 물러나고 왕궁 문이 닫히고 나서야 연기를 멈췄다.

다윗은 침을 닦고, 옷을 털며 뒤돌아섰다. 만신창이가 된 마음을 추스를 새도 없이 곧장 잘 곳을 찾기 위해 돌아다녔다. 머물 곳을 찾아 돌아다니다 우연히 물에 비친 자신의 모습을 보게 된다. 처량한 자신의 모습을 마주한 다윗. 잘못한 것도 없는데 미움을 받아 도망쳐 나와 갖은 모욕과 수치를 견디며 미친 척까지 해야 했다. 그런 다윗의 심정은 어땠을까? 서러움에 감정이 북받쳐 올랐다. 그런데…!

> 내가 여호와를 항상 송축함이여 내 입술로 항상 주를 찬양하리이다
> 내 영혼이 여호와를 자랑하리니 시편 34:1-2 °

다윗은 눈물로 기도하기 시작했다. 하나님을 원망하지 않았다. 다만 찬양과 감사의 기도를 올려 드렸다. 감사하고 기뻐할 것 없는 그 자리에서도 다윗은 하나님께 찬양과 영광을 돌린 것이다. 다윗이라고 이런 상황에서 하나님을 찬양하기가 쉬웠을까? 그에게도 분명 어렵고 힘든 일이다. 그럼에도 불구하고 그는 가장 힘들고 고통스러운 순간, 주님을 찬양하기로 선택했다. 찬양은 그가 드린 믿음의 고백이자 믿음의 결단이다. 그렇기 때문에 다윗은 이해되지 않는 이 모든 상황에서 쏟아지는 원

망을 삼켰다. 그리고 찬양을 올려드렸다.

우리 역시 때로는 이해되지 않는 여러 상황으로 인해 하나님을 향한 서운함과 원망이 들어설 때가 있다. 이때 어떻게 해야 할까? 다윗처럼 하나님의 하나님 됨을 인정하며 나아가야 한다. 하나님을 인정하는 것은 입술로 주님을 고백하고, 진심으로 찬양하는 것이다.

내가 감당할 수 없는 문제들로 기도할 힘을 잃었을 때, 아픔과 상처가 너무 커서 도저히 기도할 수 없을 것 같을 때, 더욱더 기도에 힘써야 한다. 끝날 것 같지 않은 어둠 속을 지나고 있더라도 그 곳에서 기도해야 할 이유가 있다. 기도하는 사람에게 하나님은 반드시 새 소망을 더하시기 때문이다. 마침내 그 긴 어둠 속 터널을 거뜬히 지날 수 있는 능력을 더하시기 때문이다.

> 그런즉 누구든지 그리스도 안에 있으면 새로운 피조물이라 이전 것은 지나갔으니 보라 새 것이 되었도다 고린도후서 5:17°

분명 쉽지 않은 일이다. 어렵고 힘들지만, 주어진 길을 능력 있게 걸어내기 위해서는 절망의 자리에서도 끝까지 주의 이름을 불러야 한다. 다윗처럼 고통 가운데 있을지라도 하나님 안에 머무를 때, 주님은 반드시 회복을 주신다. 세상의 다른 어떤 것을 붙드는 것이 아니라 오직 주님 안에 거할 때, 풀리지 않을 것 같은 문제가 풀린다. 아물지 않을 것 같은 상처가 치유되는 기적이, 반드시 시작된다.

과거의 도우신 은혜를 기억하며

다윗은 고통스러웠지만, 기도를 시작했다. 그의 마음은 여전히 어렵고 힘들었다. 자신에게 펼쳐진 이 모든 일이 이해되지도 않았다. 그러나 다윗은 자신의 감정과 상황과 관계없이 하나님을 계속해서 찬양하고 기도했다. 다윗은 무엇을 기도했을까?

> 내가 여호와께 간구하매 내게 응답하시고 내 모든 두려움에서 나를 건지셨도다 시편 34:4 °

그는 과거에 하나님이 주신 은혜를 기억하며 고백했다. 두려움과 초조함이 그의 생각을 뒤엎으려고 할 때마다, 하나님이 도우신 순간을 떠올렸다. 다윗은 기도하는 사람이었다.

그 대표적인 사건이 바로 골리앗과의 결투다. 키가 3미터나 되는 골리앗이 이스라엘과의 결투를 신청했을 때, 그 누구도 나서지 못했다. 심지어 사울 왕도 말이다. 바로 그때 형들을 면회하러 왔던 다윗이 겁도 없이 본인이 싸우겠다고 나섰다. 전쟁의 경험이 없는 그가 귀골이 장대한 골리앗을 상대로 싸우는 것은 누가 봐도 무모했다. 이길 승산이 없는 싸움이었으니 형들은 물론 사울 왕도 만류했다. 다윗이 골리앗에게 맞서는 것은 개인에게도 위험했지만, 패배하면 이스라엘까지 위험해지기 때문이다. 그런데 다윗은 조금도 위축되거나 물러날 기미가 없었다.

> 여호와께서 나를 사자의 발톱과 곰의 발톱에서 건져내셨은즉 나를 이 블레셋 사람의 손에서도 건져내시리이다 사무엘상 17:37 °

모두가 다윗의 패배를 확신할 때, 그는 다시 한번 하나님이 도우신 순간을 고백하며 승리를 선포한다. 다윗이라고 3미터쯤 되는 골리앗이 개미처럼 보이진 않았을 터다. 골리앗의 명성과 전적도 무수히 많이 들었을 것이다. 확률상 이길 수 없다는 것도 잘 알고 있었다. 상대의 우세한 전력을 알고 있으면서도 당당히 맞설 수 있었던 것은 다윗이 현실감각이 무디거나 겁이 없어서가 아니다. 멋모르고 뛰어든 것도 아니다. 그에겐 남다른 믿음이 있었다. 만군의 여호와의 이름으로 나아갈 때, 하나님이 자신을 능히 도울 것을 알고 믿고 있었기에 담대하게 나아갈 수 있었다. 오직 하나님을 신뢰하는 믿음으로 자신이 가진 인간적인 생각과 감정을 이겨낸 것이다.

때로는 삶의 문제가 너무 무거워 기도가 막힐 때가 있다. 무엇을 위해 기도해야 할지 기도할 바를 전혀 모를 때가 있다. 그럴 때 하나님이 도우신 은혜를 기억하고 고백했던 다윗의 기도를 기억해야 한다. 하나님은 분명 우리에게 은혜를 베푸셨다. 지난날 나를 도우신 하나님의 은혜를 발견하고, 계속해서 감사의 기도를 이어가야 한다. 그렇게 끊임없이 기도할 때, 나의 생각이 아닌 문제 가운데 담겨 있는 하나님의 마음과 뜻을 발견하게 된다.

하나님의 도우심을 믿으며

다윗은 받은 은혜를 기억하며, 다시 하나님을 붙들었다. 그리고 스스로 결단한다.

네 혀를 악에서 금하며 네 입술을 거짓말에서 금할지어다 악을 버리

> 고 선을 행하며 화평을 찾아 따를지어다 여호와의 눈은 의인을 향하
> 시고 그의 귀는 그들의 부르짖음에 기울이시는도다 시편 34:13-15°

다윗은 감정에 휘둘려서 악한 말, 악한 일을 하지 않기로 결단한다. 무슨 일이든지 먼저 하나님이 기뻐하시는 길을 선택하기로 한 다윗은 이러한 결단을 몇 번이나 반복한 뒤에, 자신의 기도를 마쳤다. 찬양과 고백과 결단으로 기도를 끝낸 뒤, 그는 가드에서 다시 이스라엘로 갔다. 그리고 유대 광야가 아닌 유대 평야에 있는 '아둘람'이라는 도시로 가서 한 굴에 머물렀다. 그런데 그곳에서 놀라운 일이 일어난다.

> 환난 당한 모든 자와 빚진 모든 자와 마음이 원통한 자가 다 그에게
> 로 모였고 그는 그들의 우두머리가 되었는데 그와 함께 한 자가 사백
> 명 가량이었더라 사무엘상 22:2°

다윗의 소문을 들은 4백여 명의 사람들이 몰려왔다. 다윗의 고백과 기도를 들으신 하나님께서 함께 할 사람을 보내주신 것이다. 이 무리들을 보며, 다윗은 하나님이 자신을 돕고 있음을 다시 체험했다. 그리고 이들을 통솔하면서 왕이 되기 위한 다윗의 수업을 시작했다.

하나님은 우리를 위한 길을 이미 준비하셨다. 때때로 세상은 우리를 힘들게 하고, 수많은 감정이 우리를 낙심하게 한다. 그럼에도 우리가 그 길을 믿고 구하며 걸을 때, 하나님은 반드시 도우신다. 어느 때를 지나고 있든 우리가 기억해야 할 것이 있다. 입술로 주님을 고백하고 기도하기 시작할 때, 하나님은 새로운 차원의 길을 내신다는 사실이다. 불가능

을 가능케 하고, 사막에 길을 내시는 분이 바로 우리 하나님이다. 가난함이 오히려 부요의 길이 되고, 애통함이 오히려 위로의 길이 된다고 말씀하는 분, 하나님의 일하심과 진리는 때론 이렇게 역설적이다. 그러니 기억하자. 기도하기 가장 어려운 상황, 절때 기도할 수 없을 것 같은 때가 바로 하나님 앞에 나아가기 좋은 타이밍이다.

기적의 주인공이 되다

믿고 의지하는 것

오순절 성령이 임한 뒤, 예루살렘에 놀라운 일들이 일어났다. 베드로가 설교할 때 많은 사람이 회개하며 세례를 받았고, 걷지 못해서 성전 미문에 앉아있던 자가 예수의 이름으로 고침을 받았다. 또한 많은 사람이 성전에 모여 예배하고 교제하면서 교회는 날마다 부흥해갔다.

그러나 어려움도 있었다. 예수님을 싫어한 유대 지도자들이 사도들을 매질하며 위협했고, 내부적으로는 구제에 대한 문제로 심각한 갈등이 있었다. 그러나 무엇보다 가장 큰 위기는 사울의 박해였다. 사울의 박해로 스데반이 죽었고, 많은 교인이 투옥되어 고문을 당했다. 이로 인해 동료의 죽음을 눈앞에서 본 교인들이 예루살렘을 떠났다.

그러나 그들은 유대교의 박해를 피해 성전이 아닌 가정집에서 예배하기 시작했다. 사람들 속에 들어가 한 명 한 명 전도했다. 예루살렘 교회가 점차 회복되고 있었다. 그러던 중, 또다시 슬픈 일이 일어났다. 사도 야고보가 처형당한 것이다.

그 때에 헤롯 왕이 손을 들어 교회 중에서 몇 사람을 해하려 하여, 요한의 형제 야고보를 칼로 죽이니 사도행전 12:1-2 °

AD 37년, 헤롯 왕의 손자인 아그립바 1세는 유대 지역의 왕이 됐다. 그는 로마 황제와 어릴 때부터 친구인 대단한 인맥의 소유자였다. 그러나 유대 지도자들은 그를 싫어했다. 그는 에돔의 혈통이 함께 흐르는, 반쪽짜리 유대인이었기 때문이다. 이 때문에 아그립바 1세는 왕이 된 후, 유대 지도자들의 마음을 얻기 위해 그들이 싫어하는 사람을 박해했다. 예루살렘 교회가 타깃이 된 이유이다. 이로 인해 야고보 사도가 체포됐고, 결국 사람들이 보는 앞에서 처형당해야 했다. 사람들은 야고보의 처형을 보며 "아그립바 만세"를 외치고 열광했다. 그러자 아그립바 왕은 이번엔 베드로까지 체포해 감옥에 가뒀다. 그리고 의기양양한 목소리로 외쳤다.

"드디어 베드로를 잡았소. 유월절이 지나면 여러분 앞에서 처형할 것이오."

이 말을 들은 유대 지도자들과 유대인들은 만세를 부르며 잔치를 벌였다. 그러나 이 상황을 기뻐할 수 없는 사람들이 있었다. 바로 예루살렘 교인들이다. 베드로가 죽으면, 예루살렘 교회는 구심점을 잃는 것이었다. 또 베드로가 죽으면 교인들까지 죽임을 당할 것이 불 보듯 뻔했다. 예루살렘 교회는 벼랑 끝까지 몰려 있었다. 그들이 할 수 있는 것은 아무 것도 없는 것처럼 보였다.

교회는 그를 위하여 간절히 하나님께 기도하더라 사도행전 12:5 °

그때, 그들은 합심기도를 시작했다. 함께 모여 기도한 것이다. 그러나 이들이 다시 한번 기도하는 것은 쉽지만은 않았다. 이전에 비슷한 순간에도 간절히 기도했지만, 응답되지 않았기 때문이다. 바로 야고보 때이다. 그때 교회는 간절히 기도했다. 야고보를 위해 교회와 재판장 심지어 처형장에서 마지막 순간까지 기도했다. 하지만 야고보는 끝내 처형됐다. 하나님은 야고보를 건지시지 않았다. 야고보와 같이 베드로 역시 체포되어 처형당할 위기에 놓였다. 야고보를 구하지 않은 하나님이었다. 그런데 무엇을 기대하며 기도할 수 있을까? 그런데도 베드로를 위해 기도할 수 있었을까?

예루살렘 교인들은 그럼에도 불구하고 또다시 하나님께 기도했다. 지금까지 응답하신 것이 어떠할지라도, 혹여 그것이 원했던 뜻이 아니더라도 먼저 주님을 의지하겠다는 마음으로 기도하기 시작했다. 주님을 신뢰하는 마음으로 기도할 때, 하나님은 일하기 시작했다. 하나님이 기뻐하시는 기도는 내가 원하는 대로 응답해 주시면 붙들고, 그렇지 않으면 억지로 하는 기도가 아니다. 어떤 상황에서도, 어떠한 자리에서도 주님을 의지하며 드리는 기도이다. 그렇기에 우리의 초점은 기도의 응답보다 하나님을 향한 신뢰와 의지함에 맞춰있어야 한다.

기도는 내가 원하는 것을 얻기 위한 자판기가 아니다. 하나님을 더 의지하기 위한 마음의 표현이다. 그러므로 우리의 가정과 직장과 교회가 함께 기도할 때, 그 기도 속에 응답의 결과를 떠나 주님을 의지하는 마음이 있어야 한다. 그리고 응답을 믿고 기대하는 마음을 가져야 한다. 그때 하나님이 그 마음을 통해 놀라운 일을 이루실 것이다.

생각을 뛰어넘는 응답

예루살렘 교인들은 베드로의 석방을 위해 합심하여 기도했다. 어느새 아그립바 1세가 공언한 처형일이 하루 앞으로 다가왔지만 문제는 해결될 기미가 없어 보였다. 그러나 그들은 기도를 멈추지 않았다. 마가의 집에 모여 끝까지 기도했다.

한편 그 시각, 처형을 앞둔 베드로는 감옥에서 깊이 잠들어 있었다. 그때, 누군가 베드로의 잠을 깨웠다. 천사였다. 천사는 베드로에게 자기를 따라오라고 말했다. 베드로는 비몽사몽인 상태로 그 천사를 따라갔다. 그러자 놀라운 일이 일어났다. 천사가 손을 대자, 베드로의 손발에 묶여 있던 쇠사슬이 풀리고, 옥문이 저절로 열렸다. 베드로는 감옥을 빠져나와서야 정신이 들었다. 정신을 차리고 나니 하나님이 자신을 살리셨음을 알게 됐다.

그는 자신을 위해 기도하고 있을 교인들을 보기 위해 그들이 모여 있을 마가의 집으로 갔다. 베드로는 마가의 집에 이르러 문을 두드렸다. 문을 열어 나갔던 여종은 깜짝 놀랐다. 감옥에 있어야 할 베드로의 목소리가 문 너머에서 들렸기 때문이다. 여종은 너무 놀라 문을 열지도 못한 채, 기도하던 교인들에게 달려갔다. 그들에게 베드로가 왔다는 사실을 전했다. 그런데 사람들이 사실을 믿지 못한다.

> 그들이 말하되 네가 미쳤다 하나 여자 아이는 힘써 말하되 참말이라 하니 그들이 말하되 그러면 그의 천사라 하더라 사도행전 12:15

베드로가 옥에서 해방될 수 있기를 그토록 기도하며 기다렸지만, 정작 베드로가 돌아왔다는 것을 믿지 못했다. 감옥에 있는 그가 어떻게 나올 수 있냐며 오히려 여종에게 반문했다. 여종은 베드로가 온 것이 확실하다고 여러 번 이야기했지만, 그들은 여종이 천사를 오해했다고 생각했다.

"이 여종이 베드로의 소리를 모를 리가 없으니, 베드로의 천사일 것입니다."

이 당시 유대인들은 사람이 죽으면 그의 보호천사가 나타난다고 믿었다. 그래서 교인들은 오히려 베드로가 죽었다고 생각하며 낙담했다. 그들은 베드로와 작별 인사를 하는 마음으로 보호천사를 맞이하기로 했다. 그런데 문을 열고 나가보니 진짜 베드로가 서 있었다. 그의 모습에 놀란 교인들은 집으로 맞아들인 후, 그를 통해 감옥에서 있었던 일을 듣게 됐다. 모든 이야기를 들은 교인들은 기적을 보이신 하나님을 찬송하면서도, 한편으론 하나님의 능력을 믿지 못한 자신의 모습을 부끄러워했다.

마가의 집에서 기도하던 교인들의 모습이 우리의 모습과 다르지 않다. 기도는 하지만 응답이 될 것이라는 기대가 없다. 때로는 내가 생각할 수 있는 범위 내에서 응답을 계산하기도 한다.

그러나 우리가 사는 세상을 내 상식으로 모두 이해할 수는 없다. 역사를 보더라도 이해할 수 없는 일이 많이 일어났다. 과학자들은 우주만 봐도 인간의 상식으로는 설명할 수 없는 일들이 많다고 한다. 영국의 유명한 과학자인 뉴턴Sir Isaac Newton 1642.12.25~1727.3.20도 이렇게 말했다.

"내 앞에는 거대한 진리의 바다가 많은 비밀을 간직한 채 펼쳐져 있다."

답은, 기도

하물며, 온 우주만물을 만드시고 다스리시는 하나님이라면 어떻겠는가, 인간의 상식으로는 시간이 뒤로 물러가는 것을 설명할 수 없다. 그러나 하나님은 하신다. 바다가 갈라지는 것은 어떤가? 그러나 하나님은 하신다. 죽은 사람이 살아나는 것을 이해할 수 있는가? 그러나 하나님은 하신다. 그래서 하나님은 예레미야를 통해 말씀하신다.

나는 여호와요 모든 육체의 하나님이라 내게 할 수 없는 일이 있겠느냐
예레미야 32:27 °

하나님께는 능치 못함이 없다. 하나님은 우리의 상식으로 이해할 수 없는, 놀라운 분이다. 그러므로 우리는 이 믿음을 붙잡고, 합심으로 기도해야 한다. 불가능을 가능케 하시는 하나님을 붙잡아야 한다. 때로는 "왜 불가능할 것을 기도하느냐"라는 의견이 나올지도 모른다. 그러나 내 상식을 넘어서야 한다. 하나님의 무한한 응답을 믿고 기다리며 기도하면, 하나님이 그 믿음을 통해 놀랍게 일하실 것이다.

이후 베드로를 잡았던 아그립바 1세는 벌레에 먹혀 죽었다. 당대 최고의 권력자였지만, 하나님 앞에서는 그저 작은 생명이었다.

인생의 승리는 하나님을 믿고 의지하는 것에 있다. 위기의 순간에 기도했던 예루살렘 교인들처럼, 우리도 기도로 기적의 주인공이 될 수 있다. 하나님이 하시면 못할 일이 없다. 하나님만을 구하고 바라보는 기도의 자리가 우리 인생에 기적을 만들 것이다.

> 하나님은 우리를 위한 길을 이미 준비하셨다.
> 때때로 세상은 우리를 힘들게 하고
> 수많은 감정이 우리를 낙심하게 한다.
> 그럼에도 우리가 그 길을 믿고 구하며 걸을 때
> 하나님은 반드시 도우신다.
> 어느 때를 지나고 있든 우리가 기억해야 할 것이 있다.
> 입술로 주님을 고백하고 기도하기 시작할 때
> 하나님은 새로운 차원의 길을 내신다는 사실이다.

Where _____

하나님만 구하고 바라는 기도의 자리로 나아갑니다.

하나님!
지금 내가 있는 이곳은 앞길이 보이지 않습니다.
세상은 불안하고 현실은 답답한데
무엇을 해야 할지 모르겠습니다.
그래서 때때로 세상을 원망했고
주님을 원망하다가 분노에 사로잡혔습니다.

그런데 이제 알았습니다.
내 삶이 힘든 것은 더 기도하도록 부르시는 음성인 것을
이제야 알았습니다.
주님의 마음도 모르고 원망했던 나를 긍휼히 여겨 주소서.
이제는 힘든 현실을 만나도 주저하고 낙심하기보다
모세처럼 먼저 엎드려 기도하게 하소서.
기도를 통해 길을 보게 하시고, 없는 길도 만드시는
주님을 만나게 하여 주시옵소서.

내가 있는 이곳이
바로 하나님이 역사하시는 은혜의 땅이 되도록
날마다 기도하게 하소서.

기도한다고 하지만 때로 너무 바쁘고 정신없어서
정작 내 마음과 시선은 하나님께 가지 못할 때가 많았습니다.
그러나 이제는 기도할 때 다른 것을 보지 않기를 원합니다.
전쟁 중에서도 산꼭대기에 올라갔던 모세처럼
오로지 하나님만 보고
하나님께만 집중하는 기도의 사람이 되게 하소서.
그렇게 하나님만 바라볼 수 있는 기도의 자리를 만들게 하시고
주님께서 부르시는 그날까지
그 자리를 지킬 수 있는 사람이 되게 하소서.
내가 있는 바로 이곳이
하나님께 나아가는 기도의 자리임을 깨닫게 하소서.

예수님의 이름으로 기도합니다. 아멘.

Chapter. 4

What
무엇을 위해 기도하십니까?

무엇을 따라 사는가?
무엇을 좇고 있는가?
우리의 삶 가운데 성령의 인도함을 받을 수 있도록
날마다 성령의 다스림을 구해야 한다.
답은 이것이다.
나의 뜻이 아닌 오직 하나님의 뜻을 묻고 구해야 한다.
성령의 인도하심 따라 살 때, 쓰임 받는 인생이 된다.
오직 하나님만을 바라고 구하자.
그분의 능력이 우리의 삶을 주장할 것이다.

기도의 내용

바른 것을 구하다

2017년, 통계청의 조사 자료에 의하면, 개업 후 1년을 버틴 식당은 10개 중 6개밖에 되지 않는다고 한다. 똑같이 시작해도 성공하는 식당이 있는 반면, 잘 안 되는 식당이 있다. 무엇이 식당의 성공과 실패를 결정짓는 걸까?

혜전대학교 호텔조리과 강병남 교수는 자신의 책 대박이 보이는 맛집 창업에서 음식점이 성공하려면 몇 가지를 잘해야 한다고 말한다. 첫째 "항상 밝은 표정으로 서비스를 잘해야 한다.", 둘째 "판매를 잘할 수 있는 전략을 세워야 한다.", 셋째 "손익을 잘 관리해야 한다."이다. 그런데 저자는 이 세 가지보다 더 중요한 것이 있다고 한다. 바로 음식이 맛있어야 한다는 것이다.

아무리 식당이 예쁘고 서비스가 좋아도 맛이 없으면, 사람들이 찾아가지 않는다. 반대로 식당이 아무리 허름해도 맛있으면, 그 집은 문전성시를 이룬다. 그렇다. 식당의 본질은 음식의 맛이다. 즉, 맛있어야 한다.

다른 곳도 마찬가지다. 미용실은 머리를 잘하면 되고, 병원은 병을 잘 짚고 고치면 된다. 본질의 핵심가치를 갖추고 있어야 인정받는다.

기도도 마찬가지다. 아무리 논리정연하고 설득력 있는 기도라고 할지라도 기도의 핵심과 본질을 놓치면 아무 소용없다. 그렇다면 기도할 때 중요한 것은 무엇일까? 바른 것을 구하는 것이다. 바른 것을 구하는 기도는 풍성한 기도의 열매를 맺는 축복이 있다.

구원에 대한 감사를 드려라

> 주께서 따로 칠십 인을 세우사 누가복음 10:1 °

대개 사람들은 예수님의 제자가 열두 명만 있는 것으로 알고 있다. 그러나 성경에 보면 훨씬 더 많은 제자가 있었다.

예수님은 제자들을 전도훈련을 보내셨다. 먼저 열두 명의 제자를 보내시고 그들이 성공적으로 마치고 돌아오자, 70명의 제자를 세우신 후 이들도 보내신다. 하지만 전도라는 것이 마음먹은 것처럼 되지 않는다. 열두 명의 제자가 전도에 성공했다고 하더라도 나머지 제자들은 실패할 수도 있다. 어제 다르고, 오늘 다른 것이 전도이지 않은가? 게다가 그 중 최소 58명은 스스로 전도를 해본 적이 없었다. 그렇기에 예수님은 이들을 보내기 전 당부하셨다.

"가진 게 없다고 걱정하지 마라. 길에서 아무에게나 인사하지 마라. 너희를 영접하는 집과 동네에 가서 병자들을 고치며 복음을 전하거라. 사람들이 너희들을 영접하지 않더라도 실망하지 마라. 천국이 가까이 왔다."

70명의 제자는 35개 조로 나뉘어서 떠났고, 며칠이 지나자 다시 돌아왔다. 과연 이들은 어땠을까? 제자들은 예수님을 보자마자 상기된 표정으로 말했다.

"선생님! 선생님처럼 외쳤는데, 귀신이 떠나고 병자들이 나았습니다."

전도는 대성공이었다. 그들이 복음을 선포할 때, 질병이 고쳐지고 귀신이 떠나갔다. 무기력했던 사람들이 희망을 가졌다. 제자들이 전한 복음은 철옹성 같던 악의 세력에 균열을 일으켰다. 그러니 이것을 눈앞에서 경험한 제자들은 흥분할 수밖에 없었다. 그러자 예수님은 제자들에게 약속하셨다.

> 내가 너희에게 뱀과 전갈을 밟으며 원수의 모든 능력을 제어할 권능을 주었으니 너희를 해칠 자가 결코 없으리라 누가복음 10:19

이 약속을 받은 제자들은 가슴이 터질 것처럼 기뻤다. 그런데 곧이어 하신 말씀에 그들은 다시 차분해졌다.

> 그러나 귀신들이 너희에게 항복하는 것으로 기뻐하지 말고 너희 이름이 하늘에 기록된 것으로 기뻐하라 누가복음 10:20

정말 중요한 것은 자신이 구원받고 천국 백성 된 것에 감사하며, 고백하는 것이다. 내가 70명 중 한 명이었다면, 전도를 마무리하며 어떻게 기도했을까? 먼저 구원에 대한 감사를 드릴 수 있었을까? 우리는 이런 고백을 드려야 한다.

"주여, 저를 구원해 주셔서 감사합니다."

인생이 잘 풀려서 좋을 때도, 인생이 안 돼서 힘들 때도 가장 먼저 구원하심에 감사해야 한다. 사람들은 자기의 감정을 드러내고 빌면, 그것이 기도라고 생각한다. 그러나 그리스도인의 기도는 달라야 한다. 내 감정을 드러내는 것에 그치지 말고, 구원에 대한 감사의 고백을 드려야 한다.

지금 우리는 어떤 모습으로 기도하고 있을까? 교회에 나와서 "하나님, 저 힘들어요." 혹은 "하나님, 저 즐거워요."라고 외치고 감정이 풀린 것에 만족하고 있는가? 그렇다면 이제 기도를 바꿔야 한다. "하나님, 저를 구원하시고, 자녀 되게 하시니 감사합니다."

하나님의 다스림을 구하라

제자들은 가슴 벅찬 전도가 끝나자 다시 일상으로 돌아왔다. 예수님을 따라다니며, 그분의 사역을 돕고 말씀을 배웠다. 그런데 아무리 예수님과 같이 다니며 먹고 지내도 예수님께 궁금한 것이 많았다. 그중 하나가 기도였다. 예수님은 바쁠수록 더 기도하셨다. 그래서 제자들은 아침에 일어나 예수님을 볼 수 없었다. 해가 뜨기 전 조용한 곳에 가서 기도하고 돌아오셨기 때문이다. 또 제자들은 예수님 없이 잠들 때도 있었다. 예수님이 밤중에 기도하러 나가신 후에 밤을 새고 오실 때도 있었기 때문이다. 그래서 제자들은 궁금했다.

"우리는 아무리 해도 10분이면 끝나는데, 선생님은 어떻게 오랫동안 기도를 하실까?"

그러던 어느 날, 예수님이 기도하고 돌아오시는데 한 제자가 여쭤보았다.

"선생님! 세례 요한이 자기 제자들에게 알려준 것처럼, 저희에게도 기도를 가르쳐주세요."

그러자 예수님은 그들에게 무엇을 기도해야 할지 알려주셨다.

> 너희는 … 이렇게 하라 … 우리에게 날마다 일용할 양식을 주시옵고
> … 우리 죄도 사하여 주시옵고 우리를 시험에 들게 하지 마시옵소서
> 누가복음 11:2-4 °

제자들은 좀 의아했다. 제자들도 기도하던 내용이었기 때문이다. 그런데!

> 아버지여 … 나라가 임하시오며 누가복음 11:2 °

"하나님! 내 인생이 하나님이 다스리시는 나라가 되기를 원합니다."
제자들은 지금까지 자기의 소원을 위해 기도해왔다. 그런데 예수님은 하나님의 다스림을 구하고 있지 않은가? 제자들은 놀랐다.

우리는 눈앞의 것만 바라보고 필요하다고 생각하지만, 하나님은 우리의 앞길과 필요를 모두 아신다. 그렇기에 예수님을 믿는 성도는 예수님과 같이 하나님의 다스리심을 위해 기도해야 한다.

"하나님, 저를 다스려주십시오. 제 인생을 주관하여 주십시오."

간절히 원하는 게 있으면 기도해야 한다. 내 생각이 맞다고 확신할수록 구해야 한다. 예수님도 십자가에 달려 돌아가시기 전, 기도하셨다.

"하나님, 죽기 싫습니다. 피하게 해주십시오."

그러나 예수님의 기도는 단지 자신의 필요와 소원을 구하는 기도에 그치지 않았다.

> 그러나 내 원대로 마시옵고 아버지의 원대로 되기를 원하나이다
> 누가복음 22:42

예수님은 기도 말미에 이 모든 기도의 내용을 하나님의 다스림에 맡기셨다. 그랬더니 어떻게 됐을까?

> 천사가 하늘로부터 예수께 나타나 힘을 더하더라 누가복음 22:43

하나님께서 능히 이겨낼 힘을 더하시고 도우셨다. 그리고 그 결과, 예수님은 하늘의 힘으로 십자가의 죽음을 감당하셨다. 지금 우리는 어떤 모습으로 기도하고 있는가? "하나님, 저 이거 필요해요. 저거 필요해요." 라고 외친 후, 기도했다고 만족하고 있는가? 이제는 달라야 한다. 예수님이 가르치신 대로 기도하고 힘을 얻는 믿음의 사람이 되어야 한다.

성령의 역사하심을 구하라
예수님은 제자들에게 무엇을 기도해야 하는지 가르치신 후, 곧바로 어떤 자세로 기도해야 하는지 알려주셨다.

> 구하라 그러면 너희에게 주실 것이요 찾으라 그러면 찾아낼 것이요
> 문을 두드리라 그러면 너희에게 열릴 것이니 누가복음 11:9

"구하라. 찾으라. 두드리라."

갑자기 너무 아프거나 긴급한 일이 생기면, 누구에게든 찾아가 부탁한다. 위급한 순간에는 어떤가? 일면식이 없는 낯선 사람에게라도 즉시 도움을 요청할 것이다. 예수님은 기도도 그래야 한다고 말씀하신다. 정말로 간절한 것이 있다면, 또 답답한 일이 있다면 언제라도 어디서라도 구하고, 찾고, 두드리며 기도하라고 말씀하신다. 그러면 하나님이 들으시고 응답하신다고 약속하셨다.

이 사실을 믿고 있는가? 간절히 기도할 때 하나님께서 들으실 것을 믿는가? 혹시 지금까지 간절하게 기도해본 적이 없다면, 이제부터 하면 된다. 구하면, 주님이 주실 것이다. 찾으면, 주님이 찾게 하실 것이다. 두드리면, 주님께서 앞길을 열어주실 것이다.

그렇다면 우리는 과연 무엇을 위해 구하고, 찾고, 두드려야 할까? 물론 모든 것을 놓고 기도할 수 있다. 그러나 예수님은 무엇보다 더 간절히 구해야 할 것이 있다고 하셨다.

> 너희가 악할지라도 좋은 것을 자식에게 줄 줄 알거든 하물며 너희 하
> 늘 아버지께서 구하는 자에게 성령을 주시지 않겠느냐
>
> 누가복음 11:13°

하나님은 우리에게 성령 주기를 원하신다. 성령을 받고 살기를 원하신다. 그래서 말씀하셨다.

"구하면 성령을 주시지 않겠느냐?"

이것이 바로 하나님이 우리에게 주시는 최고의 선물이다. 그러므로

우리는 이렇게 기도해야 한다.

"성령이 내 안에서 역사하게 하소서."

아무리 구할 것이 많더라도 먼저 성령을 구하는 기도를 해야 한다. 우리가 성령을 구하면, 성령께서 내 안에 오셔서 내가 구원받은 백성인 것을 기억나게 하신다. 또한 우리를 주님의 길로 인도하셔서 베드로처럼, 바울처럼, 하나님께 쓰임 받는 인생이 되게 하실 것이다.

우리가 지금까지 구한 것은 무엇인가? 당장 필요한 오늘의 양식, 미래를 위해 필요하다고 생각하는 것들, 내가 바라고 생각한 것만 구하진 않았는가? 하나님께 간절히 구하고 찾고 두드리되, 무엇보다 성령을 구하고 찾음으로 성령대로 사는 인생이 되어야 한다. 멋진 말보다 중요한 것은 내용이다.

"하나님, 저를 구원해 주셔서 감사합니다."

"하나님, 제 삶을 다스려 주소서."

"하나님, 제 안에 성령을 주소서."

내가 아닌 너

다른 이를 위해 기도하라

아브라함은 하나님의 부르심으로 그동안 살던 하란을 떠났다. 아내 사라와 조카 롯과 함께 가나안으로 향했다. 낯선 곳에서의 삶은 결코 쉽지 않았다. 그럼에도 아브라함과 롯은 하나님의 도우심으로 가축이 계속해서 늘어나고 번영해 갔다. 그런데 가축의 수가 늘자, 아브람함의 목자들과 롯의 목자들이 땅을 놓고 다투기 시작했다. 이를 알게 된 아브라함은 롯을 독립시키기로 한다. 아브라함은 롯에게 살고 싶은 땅을 먼저 선택해 갈 수 있도록 했고, 롯은 주저 없이 비옥하고 좋은 땅인 소돔과 고모라 지역을 택했다. 이에 아브라함은 척박하고 거친 유대 산지에 있는 헤브론이라는 마을로 가게 됐다. 이들은 비록 서로 갈라져 살게 되었지만, 여전히 소식을 주고받으며 살아갔다.

그러던 어느 날, 아브라함이 텐트 앞에서 쉬고 있을 때였다. 그가 눈을 들어 보니, 맞은편에서 세 사람이 걸어오고 있었다. 이 당시 중동에서는 지나가는 손님을 극진히 접대하는 문화가 있었기에, 아브라함은 얼른 달려가 이들을 모시고 최고의 음식으로 대접했다.

아브라함과 세 사람은 함께 식사를 하고, 대화를 이어갔다. 그런데 어찌된 일인지 이들은 아브라함에게 자식이 없다는 것을 알고 있었다. 그리고 1년 뒤, 아들을 얻게 될 것이란 말을 건넸다. 그때서야 아브라함은 이들이 하나님의 사람인 것을 알아챘다. 하나님은 아브라함에게 말씀하셨다.

"내가 소돔과 고모라 지역에 대해 작정한 것이 있는데, 한번 들어보겠니? 그곳은 비옥하고 풍족해서 그런지 죄악이 가득하고, 의인들의 통곡이 들린다. 그래서 내가 직접 둘러보고 심판하려고 한다."

아브라함은 그 말을 듣는 순간, 눈앞이 캄캄해졌다. 소돔과 고모라 지역은 조카 롯이 사는 곳이기 때문이다. 그리고 아브라함은 누구보다도 잘 알고 있었다. 하나님의 심판 앞에선 아무도 살아남을 수 없다는 사실을 말이다. 그래서 아브라함은 롯을 구해야 한다는 심정으로 간절하게 기도했다. 여기서 생각해야 할 것이 있다. 내가 아브라함이라면 어떻게 기도하겠는가? 대부분은 이렇게 기도할 것이다.

"하나님, 그곳엔 나의 조카 롯이 있습니다. 롯만은 살려주세요."

그러나 아브라함의 기도는 달랐다.

> 그 성 중에 의인 오십 명이 있을지라도 주께서 그 곳을 멸하시고 그 오십 의인을 위하여 용서하지 아니하시리이까 창세기 18:24 °

단지 롯만을 위해 기도하지 않았다. 롯의 이웃, 더 나아가 롯이 살고 있는 지역의 평안을 위해 기도했다. 왜 그런가? 이웃이 평안하고 그곳이 평안해야, 롯도 평안 속에서 살 수 있음을 알았기 때문이다. 그렇다면 나는 가족과 친구와 주변 사람들을 위해 어떻게 기도하는가?

"하나님! 세상이 힘들어도 우리 가족은 꼭 지켜주세요."

틀린 것은 아니다. 그러나 이것은 하수의 기도다. 고수는 이렇게 기도한다.

"하나님! 이웃과 환경을 지켜주셔서 우리 가족도 평안하도록 도와주세요."

그런데 여기서 아브라함의 기도 내용보다 더 주목해야 할 것이 있다.

> 오 명이 부족하다면 … 사십 명을 찾으시면 … 삼십 명을 찾으시면 … 이십 명을 찾으시면 … 거기서 십 명을 찾으시면 어찌 하려 하시나이까 창세기 18:28-32°

아브라함은 처음 기도할 때, 50명의 의인이 있으면 심판을 취소해달라고 했다. 그러자 하나님께서는 아브라함의 속내를 아시고 기꺼이 응답하셨다. 그런데 아브라함의 기도는 여기서 끝나지 않았다. 의인의 숫자를 45명, 40명, 30명, 20명으로 줄이다가 열 명까지 줄이며 봐달라고 했다. 그가 여섯 번이나 요청하니, 나중엔 하나님의 얼굴이 빨개지고 일 그러졌을지도 모른다. 물론 아브라함도 알고 있었을 것이다. 그러나 그는 롯을 구해야 한다는 마음 하나로, 하나님께 더는 요청할 수 없다고 생각될 때까지 기도했다. 그리고 결국, 하나님은 아브라함의 기도에 응답하셨다.

사실 하나님이 좋아서 응답하신 것이 아니다. 아브라함이 들어줄 때까지 끝까지 붙드니까, 들어주실 수밖에 없었던 것이다. 여기서 발견하게 되는 기도의 모습이 있다. 아브라함이 롯을 구원하기 위해 하나님을 붙들고 끝까지 기도한 것처럼, 누군가를 위해 기도할 때는 나를 위해 할 때보다 끝까지 해야 한다. 상황이 여의치 않아도 끝까지 기도하면, 하나님께서 응답하신다. 그것이 중보기도다.

사람들의 기도제목을 보면 가족, 친척의 구원을 놓고 기도한다. 그런데 1~2년 동안 기도하며 시도하다가 응답되지 않으면 실망하고, 시간이 더 지나면 기도를 포기해버리는 경우가 많다. 하지만 아브라함의 모습을 보았다면 이제 달라져야 한다. 이왕 누군가를 위해 기도하기로 마음먹었다면, 절대로 놓지 않아야 한다. 하나님께서 응답하실 때까지, 끝까지 기도해야 한다. 그러면 하나님의 때에, 반드시 가장 좋은 것으로 응답하실 것이다.

바르게 살기를 기도하라

아브라함은 롯을 위해 끝까지 기도해 하나님의 응답을 받았다. 그리고 내심 기대했다.

"그곳이 악하다고 해도 의인 열 명은 있겠지."

소돔과 고모라가 아무리 악해도 롯과 그의 아내, 두 딸, 결혼할 사위들과 몇 명의 친구들까지 열 명은 되지 않을까 생각했던 것이다. 아브라함은 기대 반, 걱정 반으로 롯의 소식을 기다렸다. 그런데 상황은 그가 기대했던 것과 전혀 다르게 흘러갔다.

두 천사가 소돔에 있는 롯의 집에 방문해 극진한 대접을 받았다. 그리고 이제 자려고 하는데, 문 두드리는 소리가 들렸다. 문을 열어보니 마을 사람들이 몰려와 손님을 내놓으라고 하는 것이다. 욕망의 대상으로 쓰고 싶은데, 내놓지 않으면 롯을 죽이겠다고 협박했다. 롯은 그들에게 악을 행하지 말자고 외쳤다. 그러나 롯의 이야기를 듣는 사람은 없었다. 아내도, 친구도 모두 외면했다. 그러자 롯은 어쩔 수 없이 자신의 딸을 내어주겠다고 타협했다.

그 넓은 도시에 잘못된 것을 잘못됐다고 말할 의인 열 명이 없었던 것이다. 결국 하나님은 이곳을 심판하기로 정하시고, 롯에게 말씀하셨다.

"지금 당장 가족들을 성 밖으로 끌어내라. 미련을 갖지 말고 무조건 나가라."

하나님은 심판하는 중에도 아브라함의 기도를 기억하시고 롯을 구원하셨다. 물론 롯은 그 과정에서 마음의 상처를 입었다. 그의 가정이 해체된 것이다. 사위들은 롯을 비웃으며 떠났고, 아내는 소돔의 삶에 미련이 있었는지 뒤를 돌아보다가 소금기둥이 되었다. 또 하늘에서 유황과 불이 내려서 그동안 일구었던 삶의 터전이 사라졌다. 그리하여 모든 것을 잃은 롯은 두 딸과 함께 굴에 들어갔다. 얼마나 공허하고 참담하겠는가? 하지만 롯에게는 삼촌 아브라함이 있었다.

떠나서도 자신을 걱정하며 기도해주는 삼촌에게 가면 재기할 수 있었다. 그러나 롯과 두 딸은 삶의 의욕을 잃고, 신세만 한탄했다. 삼촌도, 하나님도, 구원받은 은총도 모두 잊어버렸다. 그리고 그렇게 세월을 보내던 세 사람은 상상할 수 없는 일을 벌였다. 첫째 딸과 둘째 딸이 롯에게 술을 먹이고 동침한 것이다. 그 결과, 두 딸은 임신하여 각각 아이를 낳았다.

롯은 아브라함의 기도로 구원받았지만 그 후에 바르게 살지 못했고, 결국 모두에게 부끄러운 인생이 되었다. 그리고 이것은 우리에게 중요한 것을 깨닫게 한다.

아브라함은 롯을 구원해달라고 하나님께 매달렸고, 하나님은 그의 기도에 응답하셔서 롯을 건지셨다. 그러나 기도가 응답되었다고 다 해결된 것은 아니다. 그 후에도 바르게 살아야, 그 인생이 제대로 설 수 있다. 그렇기에 우리는 자녀와 가족 또는 다른 누군가를 위해 기도할 때, 그들이 늘 바른 인생이 되게 해달라고 기도해야 한다.

다급한 문제를 놓고 중보하는 것은 당연한 일이다. 그러나 한 영혼을 귀히 여기고 사랑한다면, 문제가 해결된 뒤에도 늘 바른 인생이 되도록 기도해야 한다.

지금도 사람들은 가족을 위해 기도할 때 문제에 집중한다.

"하나님! 우리 아이를 좋은 대학에 보내주세요."

"하나님! 우리 남편이 꼭 승진되게 해주세요."

그리고 기도대로 되면, 이제 걱정이 없다고 기뻐한다. 그러나 그 기쁨은 오래가지 못한다.

"그렇게 기도하던 대학이었는데, 주일도 안 지키고 너무 속상합니다."

"그렇게 기도하던 승진이었는데, 예배를 빠지고 술만 마시니 어떡합니까?"

중보기도가 응답받았다고 모든 것이 다 잘되는 것은 아니다. 기도가 응답된 뒤에도 바르게 살아야 진짜 성공한 인생이다.

작은 차이를 위하여

작지만 엄청난 차이

명품을 거래하는 중고 사이트를 이용하는 사람들의 공통적인 행동이 있다. 사려는 제품이 진품인지 위조품인지를 확인하는 것이다. 외관상으로는 별다른 차이가 없어 보이지만, 잘 살펴보면 진위를 알 수 있기 때문이다. 위조품은 종류에 따라 확인하는 방법이 있다. 가방의 경우, 먼저 로고를 잘 살펴봐야 한다. 또한 박음질이 정교하고 고르게 잘되어 있는지, 마감 칠이 깔끔한지를 살펴봐야 한다. 듣기만 했을 때는 어렵지 않은 것 같다. 그런데 많은 사람이 진품과 위조품을 구별하지 못한다. 작은 차이를 발견하지 못하기 때문이다.

　기도 역시 멀리서 보면 똑같아 보이지만, 자세히 보면 그 능력이 다르다. 그래서 지금 이 시간에도 많은 사람이 기도하지만 어떤 기도는 허무하게 끝나고, 어떤 기도는 응답을 받는다. 모두가 똑같이 기도하는데, 결과는 왜 다를까? 능력이 임하는 기도는 무엇이 다른 걸까?

행동하는 기도

본격적인 공생애 사역을 시작한 예수님은 갈릴리 곳곳에 복음을 전하셨다. 다가오는 병자들을 마다하지 않으시고 고쳐주시며, 귀신 들린 자는 귀신을 쫓아주셨다. 예수님이 행하신 일이 널리 알려지자, 많은 사람이 예수님을 따라다니기 시작했다.

> 무리가 몰려와서 하나님의 말씀을 들을새 누가복음 5:1°

사람들이 몰려들자 예수님은 베드로에게 배 한 척을 빌리셨다. 아직 제자로 부름 받지 않은 베드로가 예수님을 어떻게 알고 빌려드렸을까? 이전에 예수님이 심한 열병을 앓고 있는 베드로의 장모를 찾아가 고쳐주신 적이 있기 때문이다. 예수님은 빌린 배에 올라타 무리에게 말씀을 전하셨다. 그런데 예수님의 마음에 계속 신경 쓰이는 사람들이 있었다. 그물을 정리하던 베드로와 어부들이다. 배가 깨끗했고, 그들의 표정이 어두운 걸 봐서는 고기를 잡지 못한 채 빈손으로 돌아온 게 분명했다. 얼마 후, 예수님은 고개를 돌려 베드로를 부르셨다.

여기서 우리가 알아야 할 것이 있다. 기도는 하나님과의 대화이기에, 지금 예수님과 베드로의 대화도 기도라 할 수 있다. 그렇다면 이 대화의 시작은 누구였는가? 예수님이셨다. 예수님이 먼저 베드로를 부르셨다.

우리는 내가 주님을 부를 때, 기도가 시작된다고 생각한다. 그러나 죄로 인해 하나님과 단절된 우리는 하나님을 먼저 부를 수 없다. 죄인 된 우리를 구속하신 예수님을 통해서 기도할 수 있는 것이다. 베드로의 기도도 예수님의 부르심으로 시작되었다. 예수님은 베드로에게 어찌 되었는지 물으셨고, 그는 밤새도록 고생했지만 잡지 못했다고 대답했다. 그때 예수님이 그에게 한 가지를 지시하셨다.

> 깊은 데로 가서 그물을 내려 고기를 잡으라 누가복음 5:4 °

이 말을 들은 베드로는 당황했다. 물고기를 잡기 위해서는 얕은 곳으로 가야 하는데, 깊은 곳으로 가라고 하셨기 때문이다. 게다가 예수님은 어부가 아니다. 그러나 베드로는 예수님의 말씀을 따라 깊은 곳에 그물을 내렸다.

> 시몬이 대답하여 이르되 선생님 … 말씀에 의지하여 내가 그물을 내리리이다 하고 그렇게 하니 누가복음 5:5-6 °

베드로는 즉시 행동함으로 예수님의 말씀에 반응했다. 그리고 말씀에 순종하자, 물고기가 그물에 가득히 채워지는 기적을 맛보았다.

> 고기를 잡은 것이 심히 많아 그물이 찢어지는지라 이에 다른 배에 있는 동무들에게 손짓하여 와서 도와 달라 하니 그들이 와서 두 배에 채우매 잠기게 되었더라 누가복음 5:6-7 °

우리는 간절히 기도하고 나면, 만족해한다. 열심히 구하고 부르짖었으니 할 일을 다했다고 생각한다. 그러나 하나님의 능력이 임하는 기도는 능력을 구하는 것에 그치지 않는다. 하나님의 말씀대로 행동할 때,

능력이 임한다.

기도는 행동하는 것이다. 우리의 몸으로 완성하는 것이다. 그렇기에 우리에게 나타내신 하나님의 뜻을 발견한 후에는 그 뜻대로 살아야 한다. 그때 기도가 완성된다. '구슬이 서 말이어도 꿰어야 보배'라는 말처럼 행동으로 옮겨야 기도의 능력이 임한다.

엎드리는 기도

예수님은 베드로의 순종에 기적으로 응답하셨다. 그때, 베드로도 예수님이 얼마나 대단한 분인지 깨닫고 죄인임을 고백했다. 그러자 그의 고백을 받으신 예수님은 그에게 사람을 낚는 어부가 되라는 소명을 허락하신다.

> 무서워하지 말라 이제 후로는 네가 사람을 취하리라 누가복음 5:10°

베드로는 새로운 꿈을 꾸기 시작했고 그때부터 예수님을 따르는 제자가 된다.

그러던 어느 날, 예수님 앞에 나병이 든 한 사람이 찾아왔다. 이 당시 사람들은 나병환자에 몸이 닿으면 부정해진다고 생각해, 나병이 들면 공동체에서 떨어져 지내야 했다. 그러다 보니 나병환자들의 소원은 병이 낫는 것이었다. 그러나 치료방법이 없으니 기적을 바라는 수밖에 없었다. 그러던 중, 예수님이 오신 것을 발견한 그 사람이 예수님께 나아왔다. 그리고는 예수님 앞에 엎드려 떨리는 목소리로 요청했다.

"선생님, 하고자 하시면 저를 깨끗하게 하실 것을 믿습니다."

다른 사람들이라면 그를 쫓아냈을 것이다. 그러나 예수님은 그를 쫓지 않으시고 기도하셔서 그의 나병이 치유되는 기적이 나타났다. 예수님은 깊은 바다에서 물고기를 잡게 하셨고, 나병환자를 낫게 하셨다. 둘 다 상식적으로는 불가능한 일이다. 그러나 하나님의 능력을 구하며 기도할 때, 불가능한 일이 기적으로 바뀌었다.

> 예수는 물러가사 한적한 곳에서 기도하시니라 누가복음 5:16

사람들은 예수님이 행하신 기적에 박수와 환호성을 보냈다. 그러나 예수님은 그들의 박수를 뒤로하고 조용한 곳으로 자리를 옮기셨다. 잠잠히 하나님께 엎드려 기도하셨다.

하나님은 어떤 기도에 능력을 더하실까? 하나님 앞에 공로를 많이 쌓았을 때? 돈이나 인기가 많을 때? 아니다. 예수님처럼 겸손히 엎드려 기도할 때, 그 기도를 통하여 능력을 주신다.

우리의 기도는 어떠한가? 종교적 행위로 하나님 앞에 의롭다 함을 받으려고 하진 않았는지 돌아봐야 한다. 그것들이 우리의 자랑은 아니었는지 점검해봐야 한다. 우리의 기도는 바리새인처럼 나를 자랑하는 기도가 아니다. 겸손히 엎드리는 기도여야 한다. 그 작은 차이가 엄청난 능력의 결과로 나타날 것이다.

나의 뜻과 마음이 열납되는 것

다른 삶의 결과

허영만은 자타공인 국내 최고의 만화가이다. 그는 40년 넘게 활동하면서 「날아라 슈퍼보드」, 「타짜」, 「식객」과 같은 작품을 남겼다. 만화는 유행을 쉽게 타기 때문에 금세 빛났다가 사라진다. 그러나 그는 급변하는 만화시장에서 오랜 명성을 유지했다. 그에게 어떤 특별함이 있는 걸까?

허영만은 처음부터 눈에 띄거나 탁월한 사람은 아니었다. 8년간 문하생 생활을 했고, 만화가 자격시험에 떨어져서 어쩔 수 없이 공모전으로 데뷔했다. 우여곡절 끝에 만화가가 됐지만, 오랜 무명 시절을 겪어야 했다. 그 과정 가운데 그는 다른 사람과 차별화할 만한 비결을 얻게 되는데, 그것은 네 가지 신념이었다. 첫째는 필요 이상으로 노력하는 것, 둘째는 고정관념을 깨는 것, 셋째는 공부하는 것, 마지막은 정점이 오기 전에, 유행이 꺾이기 전에 과감하게 새길을 가는 것이다.

수백 명이 함께 고민하며 그림을 그리지만, 몇 년이 지나면 그들의 실력은 달라진다. 누군가는 인정받고, 또 다른 누군가는 정체되기도 하며, 아예 진로의 방향을 바꾸는 사람도 있다.

 기도도 그렇다. 함께 모여서 기도하고 모두 은혜받는 것 같다. 그런데 시간이 흐르면 어떤 사람은 삶에 능력이 임하고 신앙이 자라는데, 어떤 사람은 능력도 없고 신앙도 정체되거나 오히려 퇴보한다. 같은 시간에, 같은 자리에서, 같이 기도했는데, 왜 삶의 결과가 다를까? 똑같이 기도한 것 같지만, 그 기도의 내용과 모습이 달랐던 것이다. 그럼 어떻게 기도해야 능력이 임하고 신앙도 자랄 수 있을까?

뜻을 구하는 것
예수님은 갈릴리에서 몸이 아픈 사람들을 고치셨다. 마음이 어려운 사람에게는 용기와 위로를 주셨고, 복음을 전하셨다. 그리고 많은 사람이 따르게 되자 예수님은 열두 명을 제자로 택하시고, 그들에게 삶으로 말씀을 가르치셨다. 그러던 어느 날, 세 명의 제자를 데리고 산에 올라가신다.

> 예수께서 베드로와 요한과 야고보를 데리고 기도하시러 산에 올라가사
> 누가복음 9:28°

 예수님은 종종 기도하시기 위해 산에 올라가셨다. 이날도 베드로, 요한, 야고보는 평상시처럼 예수님을 따라 산에 올랐다. 산에 오르자 예수님께서는 기도를 시작하셨고, 세 사람은 습관대로 옆에서 기도하기도 하고, 잠이 들기도 했다.

> 기도하실 때에 용모가 변화되고 그 옷이 희어져 광채가 나더라 문득 두
> 사람이 예수와 … 말하니 이는 모세와 엘리야라 누가복음 9:29-30 °

기도하는 가운데 예수님의 얼굴이 밝아지고 옷에서 눈부신 광채가 났다. 이것을 본 제자들은 놀랐다. 그런데 잠시 후, 더 놀라운 일이 일어났다. 하늘이 열리더니 말씀으로 듣던 모세와 엘리야가 눈앞에 나타난 것이다.

살아가다 보면 눈앞의 현실이 너무 고되고 지칠 때가 있다. 그때, 새로운 세상을 볼 수 있는 은혜를 부어달라고 기도해야 한다. 기도할 때, 우리 안에 현실을 넘어서는 꿈이 생기기 때문이다. 때로는 환상으로 새로운 세상을 보여주시기 때문이다. 하나님은 그 환상을 통해, 눈앞에 있는 현실이 다가 아님을 보여주셨다.

> 두 사람이 예수와 함께 말하니 이는 모세와 엘리야라 … 장차 예수께
> 서 예루살렘에서 별세하실 것을 말할새 누가복음 9:30-31 °

예수님과 제자들은 함께 기도하던 중에 같은 환상을 보았다. 그러나 깨달은 것은 서로 달랐다. 먼저 모세와 엘리야를 만난 예수님은 그들과 대화를 나누셨다. 그리고 그들에게 앞으로 당할 십자가 고난에 관해 이야기 하셨다. 그때 모세와 엘리야는 예수님의 말씀이 맞음을 분명히 말하며, 예수님께 확신을 준다. 대화 속에서 예수님은 자신의 앞길을 확인하셨다.

> 두 사람이 떠날 때에 베드로가 예수께 여짜오되 주여 우리가 여기 있
> 는 것이 좋사오니 우리가 초막 셋을 짓되 하나는 주를 위하여, 하나
> 는 모세를 위하여, 하나는 엘리야를 위하여 하사이다 하되 자기가 하
> 는 말을 자기도 알지 못하더라 누가복음 9:33 °

한편, 제자들은 예수님이 어떤 대화를 나누시는지 관심이 없었다. 그저 이 광경이 신기했다. 그리고 이 순간이 너무 좋았다. 그래서 베드로는 떠나려는 모세와 엘리야에게 이곳에 텐트 세 개를 지을 테니 그냥 있으면 안 되겠냐고 제안했다. 그러나 베드로의 말이 끝나자, 구름이 예수님과 모세와 엘리야를 덮었다. 그리고는 하늘에서 소리가 들리더니, 신기했던 모든 환상이 끝났다. 제자들은 결국 큰 아쉬움을 뒤로 한 채, 산에서 내려갈 수밖에 없었다.

예수님과 제자들은 같은 시간, 같은 곳에서 함께 기도했고 함께 환상을 보았다. 예수님은 그 기도에서 확신을 얻으셨지만, 제자들은 아쉬움만 얻었다. 무엇이 달랐을까? 구하는 것이 달랐다. 예수님은 하나님의 뜻을 구하셨다. 그리고 응답과 확신을 얻으셨다. 그러나 제자들은 자신의 생각과 계획을 구했다.

같은 사람에게 같은 이야기를 들어도 사람마다 기억하는 것이 다르다. 누군가는 그 사람이 말한 것을 정확히 기억하고 행하지만, 누군가는 했던 말조차 기억하지 못한다. 이것은 그 사람의 말에 집중했느냐, 그렇지 않느냐에 달린 문제이다.

기도도 그렇다. 하나님께 집중해야 한다. 우리 삶 가운데 행해지는 기적보다 먼저 주님의 뜻을 구하고 기억해야 한다. 그때, 기도가 응답된다.

마음을 드리는 것

기도를 마친 예수님과 제자들은 산에서 내려갔다. 그런데 내려가 보니 한 아이가 경련을 일으키며 입에 거품을 물고 있었다. 예수님은 무슨 일인지 물으셨다. 그의 아버지는 아이가 귀신이 들려 거품을 물거나 종종 경련을 일으킨다고 했다. 또 때로는 귀신에게 끌려 불과 물이 있는 곳에 간다고 했다. 아버지는 이 아이를 살리기 위해 예수님의 제자들에게 부탁했으나, 고치지 못했던 것이다.

이 말을 들으신 예수님은 제자들을 보시며 호통치셨다. 그리고는 아이를 데려오도록 하셨다. 아이는 예수님께 오면서도 몇 번이나 넘어지고 경련을 일으켰다. 귀신은 예수님이 하나님의 아들인 것을 잘 알았기에 저항한 것이다. 그러나 예수님의 권세를 거부할 수 없으니 아이는 예수님께 나아왔고, 그때 예수님께서는 귀신을 물리치셨다.

정신없는 하루가 끝난 뒤, 예수님과 제자들은 집으로 돌아갔다. 제자들은 예수님이 귀신을 어떻게 쫓아냈는지 물었다.

> 이르시되 기도 외에 다른 것으로는 이런 종류가 나갈 수 없느니라 하시니라 마가복음 9:29

예수님은 기도 외에는 다른 어떤 것으로도 귀신을 쫓을 수 없다고 말씀하셨다. 그런데 이 이야기를 들은 제자들은 실망했다. 대단한 방법이 있을 것이라 기대했는데, 뻔한 이야기였다. 그렇다면 귀신을 쫓아내지 못했던 제자들은 평상시에 기도하지 않았을까? 제자들도 늘 기도했다. 그러나 제자들은 하나님께 집중하지 않았다. 형식적인 기도만 되풀이했다. 그 결과, 응답도 능력도 받지 못했다. 그래서 귀신을 내쫓지 못한 것이다.

우리는 기도할 때 마음이 분산되지 않기 위해 손을 모으고, 눈에 보이는 것들로 마음이 흔들리지 않기 위해 눈을 감는다. 그러나 이것은 형식에 지나지 않는다. 진짜 기도는 하나님 앞에 마음을 드리는 것이다. 우리의 모든 기도가 마음으로 하나님께 드려지는 예배가 될 때, 우리의 기도에 응답하시고 능력을 부어 주실 것이다.

차원이 다른 기도

드려야 할 기도

요즘엔 이어폰 같은 음향기기에 관심을 갖는 사람들이 많다. 이들이 좋아하는 회사 중 하나가 바로 '보스Boss'다. 미국 MIT'Massachusetts Institute of Technology'의 보스Amar Bose 1929.11.2~2013.7.12 교수가 세운 이 회사의 제품들은 음질이 좋고 특히 바깥소리를 잘 막아줘서 파일럿과 같은 전문직 종사자들도 많이 찾는다. 이곳에서 '슬립 버드'라는 제품이 출시됐다. 잠잘 때 끼면 코 고는 소리, 자동차 소리 등을 막아주고, 필요시 음악을 틀어 숙면을 도와주는 수면용 귀마개이다. 이 제품의 가격은 약 30만 원 정도로, 그냥 사기에는 부담이 되는 금액이다. 그런데도 그동안 수면이 힘들었던 사람들이 많았던지 잘 팔렸다. 수면의 질이 얼마나 중요한지 보여주는 단적인 예이다.

　모두가 잠을 자지만, 모두 같은 잠을 자는 것은 아니다. 어떤 사람은 잘 자고, 어떤 사람은 밤새 뒤척인다. 왜 그럴까? 사정이 있는 사람도 있겠지만, 대부분은 잘못된 방법으로 자기 때문이다. 차원이 다른 숙면을 하려면 빛과 소리를 차단하고, 야식을 피해야 한다.

 기도도 그렇다. 우리 힘으로는 세상의 모든 일을 다할 수 없다. 그래서 우리는 때때로 누군가를 향해 소원을 아뢰고 기도한다. 그러나 기도라고 다 같은 것이 아니다. 저차원의 기도가 있는 반면, 하나님을 흐뭇하게 하여 응답받는 차원이 다른 기도가 있다. 그렇다면 차원이 다른 기도를 드리기 위해 우리는 무엇을 고백해야 할까? 최악의 위기에서도 차원이 다른 기도를 드렸던 엘리사의 기도를 보면, 그 명확한 해답을 찾을 수 있다.

함께하심을 구하며 기도하라

엘리사는 엘리야의 수제자였다. 엘리야가 세상을 떠나자, 엘리사가 그 뒤를 이어 하나님을 전했다. 특별히 엘리사는 여러 기적을 통해 힘겹게 살던 사람들에게 하나님을 전했다. 엘리사가 활동할 당시 북이스라엘의 왕은 아합의 후손들이었다. 스승 엘리야는 이 가문에 늘 맞섰지만, 엘리사는 달랐다. 왕과 무조건 맞서지 않고 필요한 대로 도왔다. 그는 나라가 평안해야 백성이 평안하다고 생각했기 때문이다.

 그러던 어느 날, 아람이 북이스라엘을 침공한다. 사실 객관적인 전력에선 북이스라엘은 아람에게 상대가 안 됐다. 그런데도 중요한 순간엔 늘 아람을 잘 막았다. 어떻게 된 걸까? 아람 왕이 부하들과 작전을 짜면 엘리사가 기도를 통해 그 작전을 들은 후, 왕에게 전했다. 그러니 아람은 아무리 전력이 좋아도 번번이 실패할 수밖에 없었.

 계속 공격에 실패하자, 아람 왕은 무슨 문제가 있는지 알아봤다. 그리고 신하들에게 엘리사라는 용한 예언자가 있음을 보고받는다. 이 사실을 알게 된 아람 왕은 그 즉시, 기습적으로 진군을 지시했다. 먼저 아람 군대는 사마리아에서 불과 19km 떨어진 도단이라는 도시를 포위했다. 그러나 도시를 공격하진 않았다. 자신들의 모습을 보여주기만 해도 사람들이 겁에 질려 엘리사를 내보낼 것을 짐작했기 때문이다. 그리고 그 예상은 틀리지 않았다. 새벽에 집 밖으로 나섰던 젊은 심부름꾼이 도시를 포위한 군사들을 보고, 겁에 질려 엘리사에게 달려가 말했다.

"밖에 아람 군대가 포위하고 있습니다. 주여, 우리는 어떻게 합니까…?"

이런 상황을 마주하면 누구라도 겁에 질렸을 것이다. 그런데 이 소식을 들은 엘리사는 달랐다. 그는 마치 모든 상황을 알고 있었다는 듯이 말했다.

"두려워하지 마라. 우리 편이 그들보다 훨씬 많다."

젊은 심부름꾼은 평소 엘리사가 능력의 종인 것을 알고 있었고, 인정했다. 그러나 저 군사들보다 우리 편이 많다는 말은 도저히 납득되지 않았다. 지금 우리를 잡으러 오는 군사는 많은데, 우리 편은 선생과 자신 둘뿐이었기 때문이다. 그렇다면 엘리사는 젊은 심부름꾼을 안심시키려고 말한 것일까? 아니다. 젊은이가 겁에 질려 있자, 엘리사는 눈을 들고 나지막한 소리로 기도했다.

> 기도하여 이르되 여호와여 원하건대 그의 눈을 열어서 보게 하옵소서
> 열왕기하 6:17°

엘리사의 기도가 끝나자 그 젊은이는 놀라운 광경을 보게 된다.

> 여호와께서 그 청년의 눈을 여시매 그가 보니 불말과 불병거가 산에
> 가득하여 엘리사를 둘렀더라 _열왕기하 6:17_°

젊은이의 눈이 열리며, 불 말과 불 수레가 둘러싼 것이 보였다. 우리 편이 더 많다는 엘리사의 말은 거짓이 아니었다. 젊은이의 눈이 닫혀서 보지 못했던 것이다.

세상을 살아가는 우리도 이 젊은이와 같은 모습일 때가 있다. 어려운 일을 맞닥뜨릴 때 이렇게 기도한다.

"하나님, 저 이렇게 힘듭니다. 그런데 하나님은 그동안 뭐하고 계셨습니까? 당신이 진짜 나를 사랑한다면 세상으로부터 지켜주셨어야죠."

그러나 사실은 우리의 생각과 다르다. 아기가 처음 두 발로 서고 아장아장 걸을 때, 아기에게는 그 과정이 힘들다. 하기 싫을지도 모른다. 엄마, 아빠도 이 아이가 얼마나 힘든지 알고 있지만, 지켜보기만 해야 한다. 이 아이가 스스로 걷고 뛰기 위해 견뎌내야 하는 필요한 시간이기 때문이다. 하나님도 그렇다. 우리가 기쁠 때나 힘들고 어려울 때, 하나님은 한시도 눈을 떼지 않으시고 지켜보신다. 그래서 이런 하나님을 만났던 모세는 삶을 마치며 이렇게 고백했다.

> 여호와께서 그를 황무지에서, 짐승이 부르짖는 광야에서 만나시고 호
> 위하시며 보호하시며 자기의 눈동자 같이 지키셨도다 _신명기 32:10_°

세상이 아무리 커도 그보다 더 크신 하나님이 우리를 지키실 것을 믿는가? 그렇다면 믿는 자의 기도는 달라야 한다. 구할 것은 "외로워요.

함께해주세요."가 아니다. 이렇게 기도해야 한다.

"주여! 함께 하시는 주님을 믿게 하소서. 감사하게 하소서."

넓은 마음을 구하며 기도하라

눈앞에서 불 말과 불 수레를 본 심부름꾼은 두려움을 이겨냈다. 그리고 그때, 아람 군사가 엘리사를 잡기 위해 도시에 들어오려고 한다는 소식을 듣는다. 그러자 엘리사는 이렇게 기도했다.

"우리의 눈을 여신 하나님, 이제 저 군대의 눈을 어둡게 하여 주소서."

때마침 엘리사는 아람 군사들과 맞닥뜨렸다. 엘리사는 능청맞게 다가가더니 그들에게 안내를 자처했다.

"혹시 엘리사라는 사람을 찾아왔소? 내가 그에게로 안내해주겠소. 함께 갑시다."

엘리사의 기도처럼 그들의 눈이 어두워져서 엘리사를 알아보지 못했다. 엘리사는 먼저 심부름꾼을 왕에게 보내고, 아람 군대를 북이스라엘의 수도인 사마리아로 안내했다. 그리고 사마리아에 도착하자 엘리사는 이제 약속된 곳으로 아람 군대를 유인한 후 다시 기도했다.

"저들의 눈을 열어 주소서."

아람 군대의 눈이 열리자, 그들 앞에 펼쳐진 광경은 기가 막혔다. 몇 시간 전만 해도 도단을 포위하고 있었는데, 지금은 처음 보는 곳에서 포위를 당하고 있기 때문이다. 마음먹기에 따라서 공격할 수도 있었지만, 그들은 그럴 정신도 없었다. 얼이 빠진 아람 군대는 북이스라엘의 왕 앞에서 항복을 선언한다. 그때 왕이 엘리사에게 간청한다.

"이번 기회에 혼쭐을 내야 됩니다. 모두 처단하도록 허락해주십시오."

> 치지 마소서 … 떡과 물을 그들 앞에 두어 먹고 마시게 하고 그들의 주인에게로 돌려보내소서 열왕기하 6:22 °

엘리사는 왕의 심정을 모르지 않았지만, 그들을 잘 대접하고 안전하게 보낼 것을 권면했다. 그러자 왕도 이해할 수 없었지만, 그의 말을 따랐다. 그리고 이 조치는 크게 두 가지 효과를 가져다주었다. 하나는 아람의 복수심을 없애서 북이스라엘과 전쟁해야 한다는 여론을 불식시켰다. 다른 하나는 아람에게 승자의 여유와 아량을 보여주면서 북이스라엘을 두려워하게 했다.

> 이로부터 아람 군사의 부대가 다시는 이스라엘 땅에 들어오지 못하니라 열왕기하 6:23 °

북이스라엘 왕은 아람 군대를 보기 전부터 복수하고 싶은 마음이 컸다. 기회가 될 때 적군을 약화시켜야 이길 수 있다고 생각했기 때문이다. 이런 상황이 되면 대부분의 사람이 그렇게 생각한다. 그런데 만약 북이스라엘 왕의 뜻대로 했다면, 그 이후는 어떻게 됐을까?

당장은 기분이 좋을지 몰라도, 머지않아 아람이 다시 침공할 것이다. 그리고 그때는 모든 전력을 동원하여 공격할 것이기에 나라와 백성이 더 큰 어려움에 시달릴 것이다. 반면, 엘리사는 그들이 자신을 죽이려고 온 군대임을 알면서도 그들을 살릴 뿐만 아니라 크게 대접하게 했다. 그 결과, 북이스라엘은 전쟁 없이 더 오랜 기간을 평안 속에서 지낼 수 있었다.

엘리사는 어떻게 원수 같은 사람들에게 넓은 아량을 베풀 수 있었을까? 그것은 전능하신 하나님이 함께하시고, 믿는 자를 이기게 하심을 믿었기 때문이다. 이런 하나님을 믿는다면 무엇을 위해 기도해야 하는가? 그렇다.

"주여, 넓은 가슴을 갖게 하소서."

인정하는 기도를 하라

엘리사의 모습을 보며, 함께 살펴볼 성경인물이 있다. 바로 요셉이다. 그는 자신을 질투했던 형들 때문에 애굽으로 팔려 갔다. 그리고 애굽에서는 노예로 지내다가 또 다른 모함으로 감옥에 갇혔다. 그 후 여러 일들 끝에, 극적으로 총리가 된다. 그는 총리가 된 후, 양식을 사러 온 형들을 보게 된다. 보통 사람 같으면 그 형들을 가만두지 않았을 것이다. 그런데 요셉은 과거를 묻지 않았다. 그저 형들을 품었다. 어떻게 그럴 수 있었을까? 그 힌트가 요셉의 말속에 있다.

> 당신들이 나를 이 곳에 팔았다고 해서 근심하지 마소서 한탄하지 마소서 하나님이 생명을 구원하시려고 나를 당신들보다 먼저 보내셨나이다
>
> 창세기 45:5 °

하나님이 생명을 구원하시려고 자신을 그렇게 이끄셨다고 말했다. 요셉은 세상도, 형들도 보지 않았다. 오직 전능하신 하나님, 이기시는 하나님을 믿고 품었다. 아마도 요셉은 이를 위해 수없이 기도했을 것이다. 그랬더니 하나님께서 그를 당대에, 그리고 지금까지 빛나는 인생으

로 만드셨다. 또한 그는 하나님을 전적으로 신뢰했다. 그렇기에 그는 어떤 상황에서도 하나님을 향한 믿음을 놓지 않았고, 형들 앞에서도 하나님의 일하심을 인정했다.

지금 이긴다고 좋은 게 아니다. 마지막에 이겨야 한다. 그리고 세상이 아닌 하나님을 봐야 이긴다. 눈앞에 보이는 것은 세상뿐인데, 어떻게 세상을 보지 않을 수 있는가? 그래서 우리는 이렇게 기도해야 한다.

"모든 것이 주님의 뜻입니다."

영적인 군살을 빼라

영혼의 군살

흔히들 다이어트가 체중을 줄이는 것이라 생각한다. 그러나 진짜 다이어트는 몸에 불필요한 군살을 제거하는 것이다. 체중계의 숫자가 줄어들고 겉보기에 달라졌다고, 군살을 간과해서는 안 된다. 그 이유는 건강과 직결되기 때문이다. 복부에 있는 군살은 고혈압, 고지혈증, 당뇨병, 심지어 뇌질환과 암에 걸릴 확률을 높인다. 팔뚝에 있는 군살은 치매에 걸릴 확률을 높인다. 그래서 전문가들은 몸에 붙어 있는 군살을 빼야 몸을 더욱 건강하게 할 수 있다고 말한다.

우리의 영혼도 마찬가지다. 내 계획과 가치관, 타인의 시선과 자랑하고자 하는 욕심 등이 제거해야 하는 영혼의 군살이다. 영혼에 붙어있는 군살을 빼야 건강해진다. 그리고 이것들을 뺄 수 있는 방법은 금식하며 기도할 때이다. 그렇다면 하나님이 기뻐하시는 금식기도는 무엇일까? 우리는 무엇을 위해, 어떻게 기도해야 하는 걸까?

힘겨워도 인정하라

선지자 요나가 활동하던 시대는 북이스라엘의 최전성기였다. 당시 중동의 강대국인 앗수르에 내분이 일어났는데 이로 인해 앗수르가 잠시 쇠퇴하자, 북이스라엘은 이를 틈타 지금의 시리아 지역까지 영토를 넓혔다. 그리고 자연스럽게 팔레스타인 지역의 강대국이 되었다. 국가가 위세를 떨치자 북이스라엘은 스스로를 대단히 여기고, 선지자들마저 하나님이 이스라엘만을 인간으로 보신다는 민족주의를 외치기 시작했다. 요나도 그러한 선지자 중 하나였다.

그러던 어느 날, 하나님께서 요나에게 앗수르의 수도 니느웨로 가서 하나님의 말씀을 전하라고 하셨다. 40일 뒤에 니느웨를 심판하신다는 하나님의 계획을 말하라는 것이다. 이스라엘을 괴롭히던 앗수르가 하나님의 심판을 받는다는 것은 반가운 일이었다. 그러나 요나는 하나님이 어떤 분인지 너무나 잘 알았기에 이 말씀에 불만을 가졌다.

> 주께서는 은혜로우시며 자비로우시며 노하기를 더디하시며 인애가 크시사 뜻을 돌이켜 재앙을 내리지 아니하시는 … 줄을 … 알았음이니이다 _요나 4:2 °_

하나님이 심판을 외치라고 하신 이유는 니느웨를 정말 심판하시려는 것이 아니라, 그들을 용서하시기 위함이라는 것을 직감했다. 그래서 그는 니느웨에 가지 않기로 결심한다. 항구로 가서 니느웨의 반대편으로 가는 배를 탄다. 하나님의 뜻과는 달랐지만, 요나는 자신의 선택을 확신하며 배의 아래층에서 잠이 든다.

하지만 그것은 요나의 확신이었다. 그리고 곧 이 확신을 뒤흔드는 일이 벌어진다. 바람이 갑자기 돌풍으로 변하더니, 바다가 울렁이며 배가 뒤집힐 듯 흔들리는 것이다. 목숨의 위기 앞에서 사람들은 저마다 신을 찾으며 살려달라고 외쳤다. 그러나 요나가 있는 한 이 풍랑이 잠잠해질리 만무하다. 더욱 거세지자, 사람들은 이 풍랑이 누구 때문인지 알기 위해 제비뽑기를 했다. 그 당시에는 제비뽑기가 신의 뜻을 묻는 최고의 방법이었다. 아니나 다를까! 승객의 이름을 적고 제비를 뽑으니 요나가 뽑혔다. 요나는 그 순간, 아무리 달아나려 해도 하나님을 이길 수 없음을 알게 된다. 그럼에도 니느웨에 가겠다고 말하지 않는다. 대신 선원들에게 자신을 바다에 던져버리라고 한다. 하나님의 뜻을 따르느니, 차라리 바다에서 죽겠다고 결심한 것이다. 결국 바다에 던져진 요나는 어떻게 되었는가? 큰 물고기가 집어삼키는 바람에 살아난다. 그리고 그는 물고기 뱃속에서 기도하기 시작했다. 원해서 시작한 금식기도는 아니었지만, 최악의 상황에서 하나님을 찾기 시작했다.

> 나는 감사하는 목소리로 주께 제사를 드리며 나의 서원을 주께 갚겠나이다 구원은 여호와께 속하였나이다 요나 2:9

요나가 물고기 뱃속에서 금식하며 드린 기도는 자신의 계획과 가치관의 군살을 빼고, 하나님을 인정하는 것이었다. 하나님의 계획이 좋든 싫든 그것을 인정하고 충성하겠다는 선포였다. 어떤 사람은 이런 요나의 기도가 자발적이지 않았다고 비난한다. 그러나 생각해보면, 우리가 어떻게 날마다 기뻐하며 기도할 수 있겠는가? 내 뜻대로 되지 않으면 낙심하고 힘들 수밖에 없다. 그러나 그럴 때도 입을 열어 하나님을 인정하기 시작하면, 그 기도에 응답하신다. 그렇기에 요나의 기도는 자발적이지 않았을지언정 억지로라도 하나님을 인정하는 기도였다. 하나님은 이 기도에 어떻게 응답하셨을까?

> 여호와께서 그 물고기에게 말씀하시매 요나를 육지에 토하니라
> 요나 2:10

요나를 살리셨다. 어쩔 수 없이 금식하며 원치 않게 기도했음에도 하나님의 흐름에 맡기는 기도를 드릴 때, 응답하셨다. 하나님이 기뻐하시는 금식기도란 바로 이런 것이다.

> 뜻이 하늘에서 이루어진 것 같이 땅에서도 이루어지이다
> 마태복음 6:10

금식기도는 내 계획과 생각을 하나님께 관철시키기 위한 기도가 아니다. 식음을 전폐하고 시위하는 기도도 아니다. 힘겨워도 하나님의 뜻을 인정하는, 억지로라도 하나님의 뜻에 따르겠다고 고백하는 기도이다. 되는 일이 없고 어두운 곳에 갇힌 것만 같은 그때, 힘을 얻을 곳이 없고 몸과 마음이 힘든 그때, 억지로 살기 위해 먹지 말고 금식하며 기도하자. 내 계획과 생각을 내려놓고 하나님의 뜻을 따르기로 결단하자. 어쩔 수 없는 금식이라 할지라도 그 기도가 우리를 살린다.

하나님의 시선에만 집중하라

3일 만에 물고기 뱃속에서 나온 요나는 하나님의 명령을 따라 니느웨로 갔다. 당시 니느웨는 모두 둘러보는 데 3일이나 걸리는 큰 도시였다. 그런데 요나는 고작 하루 만에 도시를 돌며 건성으로 하나님의 말씀을 외쳤다. 그리고는 성 밖으로 나가버린다. 할 일을 마친 요나는 니느웨 밖에서 쉬며 하나님이 심판하기로 하신 40일이 되기를 기다렸다. 그런데 이게 어떻게 된 일일까? 약속된 40일이 됐는데도 하나님의 심판이 없었다.

> 왕 … 조서를 내려 … 이르되 사람이나 짐승이나 … 아무것도 입에 대지 말지니 … 다 굵은 베 옷을 입을 것이요 힘써 하나님께 부르짖을 것이며 요나 3:7-8。

요나가 하루 만에 외친 말이 니느웨에 퍼지고 머지않아 니느웨에 있던 앗수르 왕에게 전달되었다. 상식적으로 약소국의 선지자가 대제국에 와서 심판을 선언하면, 자신의 나라를 모독한다며 체포하지 않겠는가? 그런데 앗수르 왕은 요나가 외친 말을 듣고 전 도시에 조서를 내린다. 그리고 금식하며 기도할 것을 선포한다. 이에 니느웨 사람들은 굵은 베옷을 입고 금식하며 기도하기 시작했고, 그 기도 소리는 성 밖에 있는 요나에게도 들렸다.

요나는 그들이 기도해도 심판을 받을 것이라 생각했지만, 하나님의 생각은 달랐다. 니느웨 백성의 기도를 보시고, 예정된 심판을 내리지 않기로 결정하셨다. 요나는 하나님의 용서를 이해할 수 없었을 뿐 아니라,

화가 났다. 그러나 하나님은 뜻을 굽히지 않으시고, 오히려 그것이 옳은 것이라 말씀하셨다. 대체 니느웨 백성이 어떻게 기도했기에 하나님이 감동하신 걸까?

> 힘써 하나님께 부르짖을 것이며 각기 악한 길과 손으로 행한 강포에서 떠날 것이라 요나 3:8°

앗수르 왕이 공포한 조서 내용을 보면, 하나님 앞에서 어떤 모습인지 돌아보고 돌이키라고 한다. 다른 누구도 아닌, 하나님 앞에서 말이다. 그들은 하나님의 시선에 집중했다.

이제까지 그들은 많은 재물과 명예를 얻으려 노력했고, 우상을 섬겼고, 때로는 수단과 방법을 가리지 않고 이웃을 해쳤다. 그들의 모든 행위는 사람에게 잘 보이고 싶은 욕심에서 비롯된 것이다. 그랬던 그들이 이제는 사람의 시선, 욕심을 내려놓고 금식기도를 한다. 죄를 고백하며 하나님께 올바르게 보이기를 구했다.

우리도 내 계획과 가치관을 내려놓고, 억지로라도 하나님의 뜻을 인정해야 한다. 사람들의 시선을 의식하고 나를 자랑하고자 하는 마음에서 벗어나 하나님의 시선에 집중해야 한다. 그때, 우리를 복되게 하시는 하나님의 마음을 볼 수 있게 된다. 하나님의 나라를 먼저 구하는 기도를 드릴 수 있다.

"

기도는 행동하는 것이다.

우리의 몸으로 완성하는 것이다.

그렇기에 우리에게 나타내신 하나님의 뜻을 발견한 후에는

그 뜻대로 살아야 한다.

그때 기도가 완성된다.

"

What _____

나는 소원이 아닌 하나님의 소원을 기도합니다.

하나님,
그동안 무엇을 놓고 기도했는지 돌아봅니다.
하루하루를 걱정하며, 양식을 달라고 기도했고
눈앞에 닥친 두려움을 해결해 달라고
부르짖는 기도가 많았습니다.
때로는 앞날을 걱정하며
더 많은 돈, 더 좋은 자리를 구했고
앞으로 다가올 위협으로부터 지켜 달라고
부르짖을 때도 많았습니다.

그러나 이제는 성도로서
예수님께서 기도하셨던 것을 기도하기 원합니다.
내가 바라는 것보다
하나님께서 바라시는 것을 먼저 구하게 하소서.
나를 위해서만 간절히 기도하지 않게 하시고
사랑하는 사람을 위해서 더 끝까지 기도하는
내가 되게 하옵소서.

눈앞에 닥친 문제를 해결해 달라고만 기도하지 않게 하시고
영혼을 사랑하는 마음으로
하나님 앞에 바르게 서기를 기도하는
중보기도의 사람이 되게 하여 주옵소서.
무슨 일을 만나든지
구원받은 자로서 하나님께 감사하게 하소서.
때때로 삶의 갈림길에 섰을 때
먼저 하나님의 뜻을 구하고 따르게 하소서.
그리고 기도를 마칠 때
성령께서 오셔서 역사하시기를 늘 구하게 하소서.

무엇을 꿈꾸든, 무엇을 바라든
하나님의 것을 먼저 구하는 인생 되길 원합니다.
나를 구원하시고, 주님의 백성으로 부르신 하나님!
어디에서 무엇을 하든지 주님의 자녀임을 기억하게 하소서.
그에 합당한 기도를 드려 주님께 칭찬받는 인생이 되게 하소서.

예수님의 이름으로 기도합니다. 아멘.

Chapter. 5

Why
왜 기도해야 합니까?

세상의 한복판에서 어떻게 살아가고 있는가?
겨우겨우 신앙을 유지하며 힘없이 살아가고 있는가?
혹은 능력 있게 살고 있는가?
차이는 바로 기도에 있다.
기도는 나의 어떠함이 아닌 하나님의 하나님 됨으로
세상을 살아갈 수 있는 힘이 된다.
세상을 간신히 이기는 것이 아닌 넉넉히 이기길 원한다면
지금 당장, 기도하자.
기도로 하늘의 능력을 더하자.

그리스도인의 능력

기도의 이유

옷을 구매하면 옷 안쪽에 여분의 천 조각이 들어있다. 이것의 용도는 무엇일까? 많은 사람이 옷을 수선할 때 사용하는 것으로 알고 있다. 그러나 원래 용도는 미리 세탁기에 돌려보고 물이 빠지는지, 색깔이 번지는지, 다른 문제는 없는지 확인하기 위해 제공된 것이다.

자동차 연료계기판에 화살표는 왜 있는 걸까? 이것은 연료 주입구의 방향을 알려주기 위한 것이다. 삼각자의 가운데는 왜 구멍이 뚫려 있는 걸까? 이것은 자와 종이 사이에 공기를 빼주어, 종이가 자에 들러붙지 않게 하기 위한 것이다. 우리가 무심코 지나친 작은 것 하나에도 이유는 있다. 물건뿐만 아니라, 문화와 관습도 어떤 이유와 필요에 의해 생긴 것이다.

그렇다면 기도는 왜 생겼을까? 누군가는 하나님께서 기도하지 않아도 다 알고 계시는데, 왜 해야 하는지 궁금해 한다. 물론 하나님은 우리의 필요와 처지를 잘 알고 계신다. 그럼에도 성경인물들은 기도를 중요하게 생각했다. 예수님도 늘 기도하셨다. 도대체 우리가 기도해야 하는 이유는 무엇일까?

하나님의 능력을 받는 통로

하루 일과를 마치신 예수님은 쉬기 위해 제자들과 함께 배를 타고 한적한 곳으로 가셨다. 막 배에서 내리려고 하는 그때, 예수님과 제자들은 깜짝 놀란다. 수천 명의 무리가 멀리서부터 쫓아온 것이다. 이제 좀 쉴 수 있나 했는데, 그들이 얼마나 귀찮으셨을까? 그러나 예수님은 그렇게 생각하지 않으셨다.

> 불쌍히 여기사 마가복음 6:34°

예수님은 그들의 심정을 헤아리시고 불쌍히 여기셨다. 그래서 지친 몸을 이끌고, 또다시 말씀을 전하셨다.

말씀을 전하다 보니, 어느덧 해가 저물어가고 있었다. 제자들은 예수님께 나아가 무리를 돌려보낼 것을 요청한다. 무리는 무작정 따라온 사람들이었기에 준비된 도시락이 없었다. 또 대부분이 돈이 없는 자들이라 배고픈 채로 어두운 길을 걸어가야 했다. 제자들 역시 이들을 먹일만한 여력이 없기에, 제각기 흩어져 먹을 것을 해결하고자 했다.

그때, 예수님께서 제자들에게 너희의 먹을 것을 나누어주라고 말씀하신다. 제자들은 당황스러웠다. 저 많은 사람을 먹이기 위해서는 200데나리온, 즉 2천만 원 정도가 필요했고, 제자들에게는 그만한 돈이 없었기 때문이다.

그러자 예수님은 구할 수 있는 양식을 구해오라고 말씀하셨다. 제자들이 구할 수 있는 것은 빵 다섯 개와 생선 두 마리였다. 예수님은 무리가 100명씩, 50명씩 앉게 하신 후, 무리가 지켜보는 가운데 빵과 생선을 높이 들고 하늘을 바라보며 기도하셨다. 축사를 마치신 예수님은 빵과 생선을 떼어 제자들에게 주시고 무리에게 보내셨다. 제자들은 받아든 빵과 생선을 무리에게 조금씩 떼어줬다. 그때, 놀라운 일이 일어났다. 빵 다섯 개와 생선 두 마리로 5천 명이 넘는 사람들이 배부르게 먹고도 남는 일이 벌어진 것이다. 심지어 남은 빵과 생선이 열두 바구니나 되었다.

> 예수께서 … 하늘을 우러러 축사하시고   마가복음 6:41 °

제자들은 현실을 보며 고민했다. 그러나 예수님은 고민하고 계산하는 대신 기도하셨다. 그러자 그 기도를 통해 하나님의 능력이 임하고, 불가능한 것이 가능케 되는 기적이 일어났다.

하나님의 능력은 마음이 착하다고 받거나 성실하다고 부어지는 것이 아니다. 하나님을 신뢰하고 기도할 때, 더하여 주시는 것이다. 기도는 하나님의 능력을 받는 통로이다.

우리의 생각과 계획으로 현실을 뛰어넘기는 어렵다. 그러나 기도는 불가능한 상황을 돌파할 수 있게 한다. 내게 주어진 문제를 가지고 아무리 고민해보아도, 기도보다 더 나은 답은 없다. 인간의 가능성이 아닌 하나님의 능력을 바라볼 때, 기도가 즐거운 인생이 된다.

하나님만 바라보게 하는 통로

예수님은 빵 다섯 개와 물고기 두 마리로 남자만 5천명, 어림잡아 1만에서 2만 정도의 사람들을 배불리 먹이셨다. 그리고 이 기적은 무리의 인기를 얻게 했다. 배고픔을 해결한 무리는 예수님이 자신들의 왕이 되어 주길 바랐다. 심지어 제자들까지 분위기에 동요됐다. 이로 인해 예수님은 뜻하지 않게 두 가지 갈림길에 서게 되신다.

첫 번째는 예수님이 무리의 요구대로 왕이 되는 것이다. 왕이 된다면 돈과 권력을 쥐며 이 땅에서의 부귀영화를 누릴 수 있었다. 두 번째는 무리의 요구를 거절하고, 지금처럼 지내는 것이다. 지금처럼 지낸다면 매일 잘 곳을 찾고, 하루의 양식을 구해야 했다. 게다가 자신을 반대하는 종교지도자들과 논쟁까지 해야 했다. 왕이 되는 것보다 나은 게 하나도 없어 보였다.

> 예수께서 즉시 제자들을 재촉하사 … 배 타고 앞서 … 가게 하시고
> 무리를 작별하신 후에 기도하러 산으로 가시니라 마가복음 6:45-46°

예수님은 복음 사역을 감당하기로 결정하신다. 그 선택에는 고민과 망설임이 없었다. 예수님은 제자들에게 배를 타고 건너편으로 가도록 하시고 무리를 돌려보내신 후에 산으로 가셨다. 사람들의 발길이 닿지 않는 한적한 곳에서 기도하기 위해서다.

사람들의 인정과 환호성을 받을 때, 그것들로부터 마음을 돌이키기란 쉽지 않은 일이다. 그러나 예수님은 그때 기도하러 가셨다. 사람들의 말과 인기에 도취되지 않으셨다. 그 순간에도 오직 하나님만 바라보셨다.

우리에게도 세상의 유혹과 시험이 찾아올 때가 있다. 그럴 때면, 사람들의 인정과 환호에 취해, 그것을 자랑으로 삼으려는 욕심이 생긴다. 나의 공로로 착각하고 싶어진다. 이런 순간에 예수님은 마음을 바로잡으셨다. 세상이 더 크고 좋아 보일수록 하나님만 바라보셨다.

한편 예수님이 산에서 기도하시는 동안, 제자들은 배를 타고 이동했다. 그런데 해가 질 때부터 돌풍이 불더니 배가 휘청거리고 앞으로 나아가지 못했다. 베드로, 안드레, 야고보, 요한 등 어부들이 배를 이끌려고 분투했지만 나아갈 수 없었다. 돌풍 속에서 사투를 벌이던 제자들은 지쳐갔고 죽음의 공포를 느끼게 된다. 그때, 더 무서운 일이 일어났다. 유령 같은 것이 바다 위를 걸어오고 있었기 때문이다. 제자들은 소리를 지르며 울부짖기 시작했다.

안심하라 나니 두려워하지 말라   마태복음 14:27°

유령의 형체에서 예수님의 목소리가 들렸다. 바로 예수님이셨다. 그때서야 제자들은 안도하게 된다.

예수님과 제자들은 현실의 문제를 맞닥뜨렸을 때, 다른 반응을 보인다. 예수님은 현실의 문제로 마음이 심란할 때도 곧바로 마음의 안정을 찾으셨다. 그러나 제자들은 극심한 공포에 사로잡혀 두려워했다. 무엇이 다른 반응을 이끌어낸 걸까?

당연한 말이지만, 기도다. 제자들은 기도해야 할 때, 기도하지 않았다. 기도하지 않으니 더욱 무서워졌다. 그러나 예수님은 기도하셨다. 계속해서 하나님께 집중하셨다. 눈을 들어 하나님을 바라볼 때, 현실에 흔들리지 않으셨다.

　말은 겁이 많은 동물이다. 그러나 가리개로 눈 옆을 가리면, 겁 없이 앞만 보고 달린다. 인생도 그렇다. 세상은 여전히 무섭고, 마음을 복잡하게만 한다. 그러나 기도를 통해 하나님만 바라보면, 두려움 없이 세상을 살아갈 수 있다.

　현실이 두려운가? 기도해야 한다. 과거나 현재나 미래의 일로 마음이 복잡하고 심란한가? 그렇다면 계속해서 기도해야 한다. 흔들리기 전에 기도해야 한다. 기도할 때 하나님께서 만나주시고, 풍랑을 잠잠케 하실 것이다. 우리 인생에 그분의 능력이 더해질 것이다.

응답하시다

도우시는 하나님

이삭과 리브가의 아들, 야곱에게는 쌍둥이 형이 있다. 간발의 차로 장남이 된 형 에서였다. 그가 부러웠던 야곱은 장자권을 받기 위해 호시탐탐 기회를 노렸다. 시간이 흘러, 130살의 노인이 된 이삭은 에서를 불렀다. 장자의 축복과 하나님의 유업을 이을 수 있도록 축복하기 위해서였다. 이삭은 먼저 축복하기에 앞서, 에서에게 음식을 만들어 올 것을 부탁했다. 이 사실을 알게 된 어머니 리브가는 서둘러 야곱을 불렀다. 리브가는 야곱을 에서처럼 변장시킨 후, 만들어 둔 음식을 가지고 이삭에게 가서 장자권을 받도록 했다. 그 결과, 야곱은 가문의 장자로 세워졌다.

에서는 이 사실을 알고 분노했다. 그리고 야곱을 죽이기 위해 온 집안을 뒤집었다. 야곱은 자신을 죽이려는 형 에서를 피해 어쩔 수 없이, 650km 떨어진 외삼촌의 집으로 도망갔다.

그는 그곳에서 몇 달만 머무르면 될 줄 알았다. 그런데 어쩌다 보니 20년이라는 세월이 훌쩍 지나 있었다. 그 사이 야곱은 가정도 이루었고,

많은 종과 가축을 거느린 부자가 되었다. 그러나 그는 기쁘지 않았다. 왜냐하면 꼭 이루고 싶은 소원이 있었기 때문이다.

"언젠가 고향에 돌아가서 가족들에게 사죄하고 제대로 살아야지."

그 소원을 이루기 위해 그는 고향으로 출발한다. 고향으로 돌아가는 야곱의 심정은 어땠을까? 고향에 돌아간다는 설렘보다 두려움이 앞섰을 것이다. 형 에서가 자신을 용서해줄지 확신이 없었기 때문이다.

야곱이 두렵고 떨리는 심정으로 걷다보니, 어느덧 가나안 땅 가까이에 이르렀다. 강만 건너면 고향이지만, 그는 그 자리에 멈춰 섰다. 그리고는 에돔 지역에 살고 있는 에서에게 부하를 보내어 사죄하기를 원한다는 뜻을 전했다. 형의 마음을 조금이라도 누그러뜨리기 위해서였다. 얼마 뒤 에서에게 보냈던 부하가 돌아왔다. 그리고 에서가 야곱을 만나기 위해 군사 4백 명을 이끌고 오고 있다고 전했다. 이 당시 중동에서 군사 4백 명은 전쟁할 때 데려오는 규모였다. 야곱은 에서가 자기를 죽이러 오고 있다고 생각했다. 그러나 이제 돌아갈 수도 없고, 싸울 수도 없는 상황이었다. 불안하고 두려운 순간, 야곱은 하나님 앞에 간절히 기도했다.

"아브라함의 하나님, 이삭의 하나님! 형 에서가 400명의 군사를 데리고 오고 있습니다. 형이 저와 가족들을 치면 어떡합니까? 저를 건져주십시오."

그는 기도 후에 이 상황을 어떻게 이겨낼지 고민하며 최선의 전략을 짜기 시작했다.

> 야곱이 … 동행자와 양과 소와 낙타를 두 떼로 나누고 이르되 에서가

> 와서 한 떼를 치면 남은 한 떼는 피하리라 하고 창세기 32:7-8°

야곱은 일단 혹시 모를 기습에 대비하여 사람과 가축을 둘로 나눴다. 어쩔 수 없는 상황에서 최대한 피해를 줄일 수 있는 꾀를 낸 것이다. 그러나 야곱은 여기서 만족하지 않고, 에서에게 맞설 또 다른 대책을 치밀하게 세운다.

> 야곱이 … 그 소유 중에서 형 에서를 위하여 예물을 택하니 … 그것을 각각 떼로 나누어 종들의 손에 맡기고 창세기 32:13-16°

먼저 염소 200마리, 양 200마리 등 엄청난 양의 선물을 준비했다. 그리고 그것들을 여러 떼로 나누어 일정한 간격을 두고 에서에게 보냈다. 야곱은 왜 이러한 전략을 짰을까? 여러 가지 의도 중 첫 번째는 선물을 여러 차례 보내서 에서의 분노를 풀려는 것이었다. 두 번째는 선물을 계속 받게 함으로 에서의 전진을 늦추려는 것이었다. 그리고 세 번째는 가축 소리를 듣고 에서가 올 때를 알기 위한 것이었다.

'진인사대천명(盡人事待天命)'이라는 말처럼, 야곱은 자신이 할 수 있는 노력을 다하면서 하나님의 도우심을 구했다. 물론 생각한 대로 일이 될 수도 있고, 뜻밖의 일이 일어날 수도 있었다. 그러나 한 가지 분명한 것은 하나님께서 그 모습을 보시고 응답하셨다는 사실이다.

우리는 절박한 문제 앞에서 어떤 모습인가? 의외로 많은 사람이 기도하면 주님이 책임지신다는 말을 오해한다. 기도하기만 하면 주님이 도와주신다고 생각하고 넋을 놓고 있다. 그래서 어떤 사람은 "난 기도했으니 이제 처음부터 끝까지 주님이 다 하세요."라고 말한다.

그러나 이는 옳은 모습이 아니다. 기도의 응답을 받기 위해선 나도 열심히 살아야 한다. 예를 들어, "하나님, 이번 수능을 잘 보게 해주세요."라고 기도하고 나서는 하나님이 주시는 지혜로 열심히 공부해야 한다. 또한 "하나님, 이번 장마로 집이 걱정됩니다. 이번에는 지켜주세요."라고 기도했다면, 나 또한 최선을 다해 집을 고쳐야 한다.

감나무 밑에서 입을 벌리고 기다리다 보면, 어쩌다 떨어지는 감을 얻을 수 있다. 그러나 작대기와 바구니를 제대로 준비하면 더 많은 감을 얻는다. 기도도 그렇다. 기도한 것에 만족하지 않고 그와 더불어 내가 할 수 있는 노력을 다할 때, 하나님께서 그 노력 위에 더 좋은 방법으로 도우신다.

축복을 주시는 유일한 분

야곱은 자신이 할 수 있는 최선의 방안을 세운 후 가축과 종, 가족들이 얍복강을 건너도록 했다. 홀로 남은 야곱은 두려움, 불안, 심란함으로 잠을 이루지 못했다. 그런데 그때, 난데없는 일이 벌어졌다.

> 어떤 사람이 날이 새도록 야곱과 씨름하다가 창세기 32:24°

어떤 사람이 홀로 고민하던 야곱을 덮치더니 때리고 도발한 것이다. 이때 야곱은 90대의 늙은 중년이었지만, 도저히 가만있을 수 없었다. 그래서 야곱도 이 사람을 땅에 매치고 무작정 때리며, 치열하게 싸웠다. 그가 누구인지는 중요하지 않았다. 그저 이기기 위해, 젖 먹던 힘을 다해 싸웠다. 그런데 싸우면서 목소리를 듣다 보니 익숙함을 느끼게 된다. 벧엘에서 천사들이 사닥다리를 오르락내리락할 때 하늘에서 들렸던 소리다.

그렇다. 하나님이셨다. 그때부터 야곱과 하나님이 벌이는 격투의 양상이 달라졌다. 지금까지 하나님은 야곱을 괴롭히며 굴복시키려고 했고, 야곱은 그런 하나님을 이겨서 멀리 쫓아내려고 했다. 그런데 이제 야곱은 어떻게든 하나님을 못 가게 하려고 붙들었다. 반대로 하나님은 야곱에게서 벗어나기 위해 강하게 저항했다. 야곱이 하나님 앞에서 목숨을 건 기도를 시작한 것이다. 그래서일까? 해가 뜨기까지, 이 싸움은 끝나지 않았다.

그러자 하나님께선 최후의 방법으로 야곱의 고관절을 치셨다. 그러자 고관절 뼈가 부러지면서 야곱이 쓰러졌다. 그리곤 일어서지 못했다. 하나님께서 이제 가려고 하는 그때, 만신창이가 된 야곱이 엎드린 채 하나님의 발목을 붙잡고 외쳤다.

"하나님 … 안 됩니다. … 이대로는 … 절대로 못 가십니다!"

피 흘리고 멍들고 뼈가 부러져서 만신창이가 될 때까지, 야곱은 왜 하나님을 붙들려고 했을까? 그는 하나님만이 복을 주신다는 것을 알았기 때문이다. 그리고 그는 다시 말했다.

> 당신이 내게 축복하지 아니하면 가게 하지 아니하겠나이다
> 창세기 32:26 °

"하나님! 제게 복을 주십시오. 저는 당신밖에 의지할 이가 없습니다."

결국, 하나님께서 야곱의 강청기도에 응답하셨다. 물론 이 기도의 결과로, 야곱은 오랫동안 건강을 잃었다. 특히 고관절을 다치면서 평생 절뚝거리는 신세가 되었다. 그러나 하나님께서는 그에게 복을 주셨고 '하나님을 이긴 자'라는 뜻의 이스라엘이라는 이름도 주셨다. 또한 야곱을 괴롭혔던 에서와의 문제가 은혜 중에 해결됐다.

끝까지 기도하면 당장엔 중요한 것을 잃을 수 있다. 그러나 우리를 보시는 하나님께서 복을 주셔서 끝내 문제가 해결되고, 잃은 것보다 더 큰 복으로 응답해주실 것이다.

하나님의 서프라이즈

기대하지 못했던 하나님의 선물

엘리사는 북이스라엘에서 활동하던 선지자다. 그는 원래 부농(富農)의 아들인데, 어느 날 엘리야 선지자의 부름 받은 후 모든 것을 버리고 그를 따르게 된다. 엘리야의 제자가 된 엘리사는 스승을 따라다니며 작은 것 하나까지 모두 배우고 익혔고, 결국 스승의 능력을 갑절로 이어받는 후계자가 된다.

그때부터 엘리사는 북이스라엘 곳곳을 다니며, 여호와 신앙을 전했다. 제자들에게는 율법을 가르치고 백성에게는 기적을 보여줌으로, 바알을 믿던 사람들에게 하나님이 위대하심을 보여줬다. 그러던 어느 날, 엘리사가 수넴이라는 마을을 지나가고 있었다. 그때, 한 여인이 나와, 자기 집으로 그를 초청했다. 굳이 마다할 이유가 없던 엘리사는 그 집에 들어가 지금까지 먹어보지 못한 최고의 음식을 맛있게 먹었다. 그리고 식사를 마치자, 여인이 조심스레 부탁했다.

"선생님, 하나만 더 부탁드려도 되겠습니까? 앞으로도 수넴에 오시거든 여기가 당신의 집이라 생각하시고, 마음껏 오셔서 식사도 하시고 쉬십시오. 이것을 허락하신다면 선생님을 위한 방을 하나 준비하겠습니다."

엘리사는 이 여인의 마음이 고마웠고, 이후로 더 자주 수넴을 방문하게 됐다. 이 여인은 매월 첫날이나 안식일이 되면 엘리사를 찾아가 기도를 받았고, 엘리사를 맞을 준비를 했다.

어느 날은 엘리사가 수넴 여인을 불러 물었다.

"고마워서 답례를 하고 싶은데, 혹시 필요한 것 있으면 말해보시오. 혹시 왕이나 군사령관에게 탄원할 것 있으면 내가 도와주겠소."

그러나 여인은 거절했다. 몇 번을 물어도 거절하더니, 이내 그 자리를 떠났다. 어떻게든 답례를 하고 싶었던 엘리사는 종에게 도울 방법을 묻자, 종은 여인에게 아이가 없음을 이야기했다. 이 이야기를 들은 엘리사는 여인을 불러 아기가 생길 것이라고 선포했다.

한 해가 지나 이 때쯤에 네가 아들을 안으리라 열왕기하 4:16 °

기대하지 않았던 여인은 그럴 리가 없다며 강하게 부인했다. 그러나 1년 후, 엘리사의 선포처럼 정말 아기가 생겼다. 그녀의 불임 문제가 해결된 것이다. 수넴 여인은 기도하지 않았다. 그럼에도 하나님께서는 이 여인의 문제를 해결해주셨다. 왜 기도하지 않은 문제를 해결해주신 걸까? 하나님은 우리가 신뢰할 때, 선물을 주시는 분이기 때문이다.

사실 수넴 여인도 불임의 문제를 놓고 기도했다. 하나님께 부르짖고 의사도 찾아가며, 할 수 있는 방법은 다 해봤다. 그런데도 치유되지 않았다. 그렇다고 어떤 응답이 있던 것도 아니었다. 하나님은 작은 신음에도 응답하신다는데, 그녀에게는 아닌 것 같았다. 그래서 시간이 갈수록 그녀가 갖고 있던 희망이 흔들리고, 어느 순간 꺼져버렸다. 그렇기에 엘리사가 필요한 것이 없냐고 물었을 때, 괜찮다고 대답한 것이다. 하지만 정말 괜찮은 것이 아니었다. 희망의 불씨가 꺼져버린 체념의 마음을 드러낸 것이다. 그러나 그 여인이 놓치지 않고 붙잡는 것이 하나 있었다.

> 여인이 그의 남편에게 이르되 항상 우리를 지나가는 이 사람은 하나님의 거룩한 사람인 줄을 내가 아노니 열왕기하 4:9

그녀는 엘리사가 하나님의 거룩한 사람인 것을 알았다. 그래서 엘리사를 기꺼이 자신의 집에 모시려고 했다. 하나님을 신뢰했기 때문이다. 기도해도 응답하시지 않는 하나님이 원망스러울 때도 있었지만, 그래도 복을 주시는 분은 하나님 한 분임을 믿었다. 그로 인해 엘리사를 정성껏 대접하고 기도도 받게 되었다. 여인이 하나님을 신뢰할 때, 하나님께서 그녀에게 선물을 주신 것이다.

기도해도 하나님의 대답을 들을 수 없어서 하나님에 대한 희망이 사라졌는가? 그럼에도 마음 한구석에 남은 작은 믿음으로 하나님을 예배하고 있는가? 그렇다면 수넴 여인의 믿음을 기억하며, 끝까지 하나님을 신뢰해야 한다.

하나님을 향한 작은 신뢰가 기대하지 못했던 하나님의 선물을 받게 한다. 우리가 믿지 못할 때라도 하나님은 내 이름을 아시고, 작은 신음도 듣고 계신다. 응답이 없어도 신뢰하며 삶으로 기도할 때, 하나님께서 우리를 고치시고 은혜 안에서 뛰놀게 하실 것이다.

회복과 위로

어느 추수철이었다. 수넴 여인의 남편과 종들은 무더운 날씨 속에서 열심히 추수하는 중이었다. 아이는 그 옆에서 여기저기 다니며 뛰어놀고 있었다. 한낮에 중동의 햇볕은 매우 뜨겁다. 결국 이런 땡볕에 놀던 아이는 열사병에 걸리고 만다. 아이는 온몸을 떨더니 의식을 잃었다. 아이가 아파서 의식을 잃었는데, 아빠는 아이를 둘러업고 당장 집이나 병원에 가기 보다 그저 종들을 시켜 엄마에게 데려가게 했다. 결국, 이 아이는 몇 시간 만에 엄마 품에서 죽었다.

아이의 죽음을 바라보는 엄마의 마음은 비통했을 것이다. 통곡하며 울 수도 있고, 제대로 응급처지 하지 않은 남편 탓을 할 수도 있었다. 그런데 이 여인은 전혀 다른 태도를 보였다.

> 아들을 하나님의 사람의 침상 위에 두고 문을 닫고 나와 … 나귀에 안장을 지우고 … 하나님의 사람에게로 나아가니라 열왕기하 4:21-25°

눈물도 흘리지 않고, 그저 무표정한 얼굴로 아들을 엘리사의 침대에 뒀다. 그리고는 남편에게 엘리사에게 갔다 올 테니 종과 나귀를 보내 달라고 부탁했다. 남편은 빈정거렸지만, 여인은 그를 뒤로하고 갈멜산에 갔다. 여인은 침착했고 의연했다. 그녀의 마음은 괜찮았던 것일까?

> 하나님의 사람에게 나아가서 그 발을 안은지라 … 여인이 이르되 내가 내 주께 아들을 구하더이까 열왕기하 4:27-28°

여인은 엘리사를 보자마자, 뛰어가서 그의 발을 붙잡았다. 그리고는 오열하며 원망의 말을 쏟아냈다. 여인은 마음이 너무 아팠다. 그런데도 남편이나 가족 앞에서는 울지 않았다. 그 이유는 하나다. 이 문제를 해결할 분은 오직 하나님이심을 믿었기 때문이다. 그래서 하나님께만 자신의 마음을 드러냈다. 그리고 그때, 하나님께서 엘리사를 통해 움직이기 시작했다.

엘리사는 종에게 자신의 지팡이를 아이에게 올려놓으라고 지시했다. 평소 병든 사람에게 큰 효험을 보던 방법이었다. 그런데 어찌 된 일인지, 난생처음으로 아무런 효험이 나타나지 않았다. 이 소식을 전달받은 엘리사는 이상히 여기며, 결국 아이에게로 갔다. 그제야 엘리사는 왜 하나님이 능력을 막으셨는지 깨달았다. 직접 와서 여인을 위로하라고 하신 것이다. 그때부터 엘리사는 더 간절히 기도했다.

> 엘리사가 여호와께 기도하고 아이 위에 올라 엎드려 자기 입을 그의 입에, 자기 눈을 그의 눈에, 자기 손을 그의 손에 대고 그의 몸에 엎드리니 열왕기하 4:33-34 °

방문을 닫고 기도한 뒤에 아이의 시신 위에 자기 몸을 포갰다. 그러자 놀라운 일이 일어났다. 아이의 시신에 온기가 느껴진 것이다. 희망을 본 엘리사는 집안 곳곳을 다니며 간절히 기도했다. 그리고 다시 아이의 시신 위에 자기 몸을 포개었다. 어떻게 되었을까?

> 아이가 일곱 번 재채기하고 눈을 뜨는지라 열왕기하 4:35 °

다시 아이의 심장이 뛰고 썩어가던 피부가 회복됐다. 죽었던 아이가 살아난 것이다. 엘리사가 방문하지 않아도 이 아이를 살릴 수 있었다. 그러나 하나님은 그가 직접 와서 치유하도록 그의 능력을 막으셨다. 왜였을까? 이 여인은 사람이 아닌 오직 하나님께만 원망을 쏟아냈다. 이것은 사람의 위로가 아닌 하나님의 능력을 구하겠다는 믿음의 고백이었다. 하나님께서는 그 믿음을 보셨다. 그렇기에 친히 엘리사를 통해 놀라운 기적을 행하신 것이다.

사람을 붙들고 원망하느냐, 하나님을 붙들고 원망하느냐는 무심코 넘길 수 있는 작은 차이 같다. 하지만 그 작은 차이에 따라 하나님의 응답은 달라진다. 살다 보면 누구나 슬픈 일, 아픈 일, 고통스러운 일을 만난다. 그때, 누구를 붙들어야 하는가? 바로 하나님이시다. 하소연도, 원망도, 하나님 앞에 가지고 나와야 한다. 사람이 아닌 오직 하나님을 의지하고 붙들었던 수넴 여인처럼 말이다. 우리의 상처와 아픔과 원망을 하나님께 내어놓을 때, 그것을 믿음의 고백으로 보시고 응답하실 것이다.

인생의 갈림길 앞에서

비록 원치 않더라도

어린아이들은 빨리 커서 어른이 되고 싶어 한다. 어렸을 적 우리도 빨리 어른이 되고 싶어 했다. 그러나 막상 어른이 되고 났을 땐 어떠한가? 2018년 5월, 20·30대 직장인 2천7백여 명을 대상으로 '어른이라는 사실이 부담스럽게 느껴지는 순간'에 대해 설문조사를 했다.

1위는 '경제적인 어려움, 압박감을 느낄 때(60.6%)'였다. '앞으로 뭐 먹고 살아야 하나 미래를 생각할 때(53.5%)'가 2위를 차지했고 '중요한 일을 스스로 판단하고 결정해야 할 때(37.7%)', '부모님, 자녀, 배우자 등 가족에 대한 책임감을 느낄 때(35.5%)'가 그 뒤를 이었다. 이 밖에 재미있는 응답은 '해야 하지만 하기 싫은 일을 만났을 때'였다. 의외로 많은 18.3%의 응답자가 이 이유를 선택했다.

우리는 내가 하고 싶은 것을 하고, 가고 싶은 길을 걷기 원한다. 그러나 살다 보면 하고 싶지 않더라고 해야 하고, 원치 않더라도 따라야 하는 상황이 있다. 어릴 때는 늦은 밤까지 놀고 싶어도 일찍 잠들어야 했고, 청소년기 때는 일찍 자고 싶어도 밤늦게까지 공부를 해야 했다. 또 어른이 되면 현실에 맞춰 하기 싫은 것을 하고, 원하는 것을 포기하기도 한다. 예수님을 믿는 우리도 때로는 원치 않는 결단의 갈림길에 설 때가 있다. 그때, 어떤 결정을 해야 할까?

하나님을 높이는 길을 선택하라

페르시아 제국에 아하수에로라는 왕이 있다. 그는 자기 자랑을 좋아하고 칭송받기 좋아하는, 이기적인 사람이었다. 어느 날 왕은 왕궁에서 잔치를 연다. 그리고 향연의 분위기가 무르익을 무렵, 술이 거나하게 취하여 왕비를 불러냈다. 빼어난 미모의 아내를 백성과 초청된 방백들에게 자랑하여 칭송받고 싶었던 것이다. 그런데 왕비가 왕의 명령을 거부했다. 왕비의 체면을 떨어뜨리는 일이었기 때문이다. 이에 화가 난 왕은 즉시 왕비를 폐위시키고, 새로운 왕비를 찾는다.

4년 후, 새로운 왕비로 유대인 소녀인 에스더가 즉위한다. 당시 에스더의 사촌오빠인 모르드개는 에스더에게 혈통을 함구할 것을 당부했다. 본토의 혈통이 아닌 사람이 왕비가 되는 것은 용납되지 않았기 때문이다. 다른 이들은 에스더가 유대인임을 알지 못했다.

그리고 에스더가 왕비가 된 지 5년이 되던 해에 큰일이 일어난다. 아말렉 혈통의 하만이라는 사람이 페르시아의 총리가 되었는데, 이 사람은 남에게 높임 받기를 좋아했다. 그는 총리가 되자마자, 누가 자기에게 인사를 잘하는지 지켜봤다. 다들 잘 보이려고 굽실거리는데, 단 한 사람이 자기 앞에 꿇지도 않고 절도 하지 않았다. 바로 모르드개이다. 그는 하나님을 믿는 유대인으로서, 하나님을 미워하는 아말렉 혈통에는 절할 수 없었다. 이에 분노한 하만은 유대인을 몰살시키기로 결심하고, 왕에게 '왕의 법을 따르지 않는 유대인을 다 죽여서, 왕에게 충성하는 진짜 페르시아 국가를 만들겠다.'라는 기획안을 제출한다. 그리고는 이를 허락하면 은 1만 달란트를 바치겠다고 했다. 지금 돈으로 환산하면 약 180억 정도 되는 금액이다. 왕은 손해 볼 것이 없었기에 흔쾌히 승낙하고 도장까지 넘겨준다. 왕의 도장을 지닌 하만은 왕의 이름으로 법을 공포하는데 그 법인즉슨, '페르시안 국민은 유대인을 다 죽이고 재산을 뺏는다.'는 내용이었다. 유대인들은 절망에 빠졌다. 모르드개 역시 이 사실을 알고 왕궁 앞에서 대성통곡한다.

한편, 무슨 일이 일어나고 있는지 몰랐던 에스더는 모르드개에게 사람을 보내어 알아보도록 한다. 모르드개는 그녀에게 상황을 설명한 후, 유대 민족을 지켜줄 것을 부탁한다. 이 말을 들은 에스더는 곤란했다. 당시에 왕이 부르지 않은 사람은 그 누구도 왕 앞에 나갈 수 없었기 때문이다. 만약 이것을 어기면 죽임을 당했다. 그렇기에 왕에게 부름을 받지 못한 에스더도 허락 없이 나아가면 목숨을 잃을 수 있었다. 그녀는 유대인의 상황이 절박하다는 것을 알고 있지만, 목숨을 걸고 왕 앞에 서야 했다. 그리고 마침내 그녀는 결단했다.

> 나도 … 규례를 어기고 왕에게 나아가리니 죽으면 죽으리이다
> 에스더 4:16°

선택의 기로에 있던 에스더는 왕에게 나아가기로 한다. 에스더는 분명히 원치 않았다. 그런데 무엇이 그 마음을 움직이게 했을까?

> 네가 만일 잠잠하…면 유다인은 다른 데로 말미암아 … 구원을 얻으려니와 … 네 … 집은 멸망하리라 네가 왕후의 자리를 얻은 것이 이때를 위함이 아닌지 누가 알겠느냐 에스더 4:14°

"하나님은 너를 통해서든 아니든, 결국 높임을 받으실 것이다. 그러니 네가 왕비로서 하나님을 높이는 길이 무엇인지 결단하라."

무엇이 하나님을 높이는 길인지 결단하라는 모르드개의 말이 에스더의 마음을 흔들었다. 그리고 하나님을 높이는 길을 결단하도록 이끌었다.

살아가다 보면, 우리의 생각과 다르게 선택의 기로에 설 때가 있다. 그때 어떤 것을, 어떻게 선택하며, 무엇을 결단해야 하는가? 그것은 바로 '하나님을 높이는 길'을 선택하는 것이다. 이 기준이 명확하면, 어떤 길을 걷는다고 할지라도 흔들리지 않는다. 눈앞에 보이는 상황들로 인해 넘어지지 않는다. 쉽지 않을 길을 능력 있게 걸을 수 있게 된다.

내 기준에 좋은 길이 아닌, 하나님이 영광 받는 길을 결단하는 믿음이 우리 안에 있어야 한다. 삶의 순간에 이것이 선택의 기준이 될 때, 하나님 앞에 영광스러운 삶을 살아낼 수 있다.

성경에는 원치 않는 상황에서 하나님을 높이는 길을 결단한 또 한 사람이 있다. 욥이다. 욥은 누구보다 하나님을 경외했다. 그런 그가 하루 아침에 재산은 물론 가족까지 모든 것을 잃는다. 얼마나 원망스러웠을까? 또 하나님께 얼마나 서운했을까?

> 주신 이도 여호와시요 거두신 이도 여호와시오니 여호와의 이름이 찬송을 받으실지니이다 욥기 1:21°

절망적인 순간에 욥은 하나님을 원망하지 않는다. 하나님을 높이기로 결단한다. 그리고 이런 욥의 믿음이 하나님을 기쁘시게 했다. 에스더와 욥과 같이 '하나님을 높이는 길'을 선택하는 사람은 내 눈앞에 어떤 상황과 환경이 펼쳐져도, 그 길을 걸어갈 수 있다.

크고 작을 일 가운데, 우리는 날마다 선택한다. 때로는 그 결정이 쉬울 수도 있고, 어려울 수도 있다. 그러나 이때 하나님이 기뻐하시는 것, 하나님을 높이는 길을 기준 삼아 선택하는 사람은 무엇을 선택해야 할지 분명하다. 이해되지 않는 상황과 원치 않는 일들이 눈앞에 펼쳐진다고 해도, 그 상황 가운데 하나님이 역사하실 것을 알기 때문이다.

우리는 삶의 자리에서 어떤 선택을 하고 있는가? 혹시 나에게 가장 유익이 되는 것을 좇고 있는가? 하나님을 높이는 길이 당장은 손해인 것 같아도, 최악의 상황에서 최선의 길로 이끄시는 하나님을 신뢰해야 한다. 또한 우리의 삶 가운데 하나님이 기뻐하시는 것을 선택하기로 결단했다면, 그 결단과 믿음대로 걸어갈 힘을 달라고 기도해야 한다. 어떠한 상황에 처해 있을지라도 현실을 뛰어넘는 기적이 우리 삶 가운데 일어날 것을 기대해야 한다. 하나님은 반드시 우리의 결단과 기도를 받으시고 도우실 것이다.

결단한 후엔 함께 기도하라

왕에게 나아가기로 결단한 에스더는 3일간 금식기도를 시작했다. 그리고 하나님 앞에 솔직한 기도를 올려드린다.

"하나님! 두렵습니다. 그러나 제가 결심한 이 길이 하나님을 높이는 길이라면, 확신을 주소서. 담대하게 왕에게 나아가고 왕의 허락을 받도록 도와주소서."

　에스더는 단순히 살기 위해 기도하지 않았다. 하나님을 높이는 길이라는 확신을 구했다. 그리고 그녀는 금식기도를 시작하면서 모르드개에게 한 가지 부탁을 한다.

> 당신은 가서 수산에 있는 유다인을 다 모으고 나를 위하여 금식하되 밤낮 삼 일을 먹지도 말고 마시지도 마소서 에스더 4:16。

　자신을 위해 함께 기도해달라는 것이다. 왜 함께 기도해달라고 했을까? 에스더가 결단한 길은 죽음을 각오해야 하는 길이었다. 왕 앞에 나아가기로 결단했지만, 여전히 두려웠기에 중보기도를 부탁한 것이다. 그때부터 에스더는 왕궁에서 기도하고, 유대인들은 시내에 모여 간절히 기도했다. 3일간의 기도가 마친 뒤, 에스더는 왕에게 나아갈 채비를 한다. 왕은 그녀를 30일이 넘게 부르지 않았다. 왕의 애정이 식었을 수도 있는 상황에서 왕을 뵈러 가는 마음은 무척이나 떨렸다. 그러나 그녀는 그 어느 때보다 곱게 단장하고 왕에게 나아간다.

> 왕후 에스더가 뜰에 선 것을 본즉 매우 사랑스러우므로 손에 잡았던 금 규를 그에게 내미니 에스더 5:2。

　에스더를 발견한 왕은 허락 없이 나아온 에스더를 꾸짖지 않고, 손에 쥐고 있던 금규를 내민다. 금규를 건넨다는 것은 내가 너를 허락한다는 뜻이다. 비로소 에스더는 하나님께서 모든 상황 가운데 도우실 것을 확신한다. 그리고 하나님은 합심하여 드린 기도에 감동하심으로 왕의 마음을 움직이셨다.

주변 상황과 환경으로 두렵고 떨리는 마음이 들 때가 있다. 그때, 중보해줄 수 있는 동역자가 필요하다. 함께 기도할 때, 모든 생각으로부터 자유해진다. 또한 하나님의 평강이 우리의 마음을 주장하게 된다.

함께 기도하는 중보자로 서라

내셔널지오그래픽National Geographic에 한 여성의 이야기가 소개된 적 있다. 안면이식수술로 새 삶을 시작한 케이티 스터블필드Katie Stubblefield다. 그녀는 2014년 미시시피 주에 있는 자신의 집에서 총을 이용해 자살을 시도하다가 얼굴을 잃었다. 그녀는 왜 이런 극단적인 선택을 했을까? 당시 열일곱 살이었던 그녀는 사랑했던 남자친구에게 이별을 통보받는다. 이제 더는 내 편이 없는 것 같던 그녀가 심적인 충격으로 자신의 얼굴에 총을 쏜 것이다. 가족의 도움으로 곧장 병원으로 옮겨져 목숨은 구했지만, 얼굴 전체를 잃는 끔찍한 일을 겪는다.

그 후, 그녀는 망가진 얼굴뼈를 맞추는 수술을 했다. 그리고 사고가 일어난 지 3년 2개월 만에 안면이식수술을 받을 수 있는 기회를 얻었다. 서른한 시간이라는 긴 수술 끝에 이마, 눈꺼풀, 코, 입, 아래턱, 치아 등을 이식받았다. 그녀는 다시 한번 새로운 삶을 얻게 된 것이다. 퇴원한 그녀는 걷는 법, 말하는 법 등을 배웠고, 이후 비록 얼굴은 망가졌지만 그녀에게 새로운 꿈이 생겼다.

"내 편이 아무도 없는 줄 알고 삶을 포기하려고 할 때 오빠, 가족, 의료진 등 나와 함께 하는 사람들이 많다는 것을 알았습니다. 앞으로 저와 같은 자살 생존자를 위한 상담사가 되고 싶습니다."

함께 한다는 것은 위로가 된다. 특별히 예수님을 믿는 사람에겐 물리적인 방법 이외에 또 다른 방법이 있다. 바로 함께 기도하는 것이다. 함께 기도하는 것에는 힘이 있다. 그래서 이것을 안 에스더도 절체절명의 순간에 함께 기도하기를 요청했다.

혼자보다 함께 하는 기도가 강력하다. 한 문제를 가지고 합심하여 기도할 때 하나님께서 응답하시고, 이길 힘과 해결할 수 있는 길을 내실 것이다. 주변에 마음이 어렵고 힘든 지체들이 있는가? 그들을 위해 함께 기도하면, 그들에게 다시 하나님을 붙들 힘이 더해질 것이다. 두렵고 힘들수록 함께 기도하면, 두려움이 사라지고 하나님께서 응답하신다. 그래서 우리는 기도해야 한다.

조급함을 내어드리다

문제해결의 지름길

 2018년 3월, 미국 뉴저지New Jersey에 엄청난 겨울 폭풍이 몰아쳤다. 강풍이 몰아치고 눈이 내리면서 마을은 아수라장이 됐다. 앤소니 곤잘레스Anthony Gonzalez의 아버지도 그곳에 살고 있었다. 아버지가 걱정된 그는 밤새 차를 몰아 아버지가 계신 마을로 갔다. 하지만 그는 마을 입구에서 안전요원에 의해 저지당한다. 눈바람으로 아버지가 있는 마을의 전신주가 뽑힌 상태였기 때문이다. 전기에 감전될 위험이 있었다. 그러나 마을로 들어가는 또 다른 길을 알고 있던 앤소니는 안전요원의 감시망을 피해 마을에 들어갔다. 그런데 그때, 그가 차 바닥에 깔린 전선을 밟게 되고, 그 순간 불길이 솟아오르면서 죽게 된다. 그는 사실 전기에 대해 누구보다 잘 알고 있던 전기기사였다. 그러나 다급한 마음에 지켜야 할 것을 어기고 참변을 당하고 말았다.

 믿음의 사람들도 위급한 문제가 닥칠 때, 기도하기보다 내 힘으로 할 수 있는 것을 먼저 생각할 때가 많다. 기도는 가시적인 결과나 응답이 빠르게 체감되지 않기 때문에, 급한 불부터 끄고 보자는 심상이다. 그러나 기도는 모든 문제를 풀어가는 핵심이다. 하나님 앞에 나아갈 때, 문제해결의 지름길이 보이기 시작한다.

문제를 해결하시는 하나님

BC 605년, 바벨론이 남유다를 침공하면서 다니엘은 바벨론 왕궁의 포로로 끌려갔다. 이방에서 포로 생활을 하며 신앙의 정체성과 절기를 지키는 것은 쉽지 않은 일이다. 그러나 그는 믿음의 결단을 지키며, 위험에 처해도 타협하지 않았다. 이 믿음을 보신 하나님께서는 나라가 바뀌고, 정권이 교체가 되어도 그를 총리로 쓰임 받게 하셨다.

다니엘이 숱한 고비를 지나 어느덧 바벨론 왕궁으로 온지 70년이 됐다. 포로로 끌려올 당시 천진난만한 소년이었던 그는, 이제 백발이 성성한 노인이 되었다. 그러던 어느 날, 생각지도 못한 일이 일어난다. 절대 권력을 자랑하던 바벨론이 페르시아에 의해 멸망한 것이다. 다니엘은 자신의 민족이 앞으로 어떻게 될지 걱정스러운 마음이 들었다. 그는 기도하기 시작했고, 그 가운데 한 가지 기억이 떠올랐다.

> 나 다니엘이 책을 통해 여호와께서 말씀으로 선지자 예레미야에게 알려 주신 그 연수를 깨달았나니 곧 예루살렘의 황폐함이 칠십 년만에 그치리라 하신 것이니라 다니엘 9:2°

"예루살렘을 70년 만에 회복시키겠다."라는 예레미야 선지자의 말이 떠오른 것이다. 지날 것 같지 않은 세월이 흘러, 이제 70년이 다 되었다.

다니엘은 이스라엘이 곧 해방될 것이라는 사실을 깨닫는다. 자신의 민족이 포로에서 해방되는 날을 볼 수 있다는 희망이 생기자, 마음이 조급해졌다. 죽기 전에 민족 해방의 날을 하루라도 빨리 보고 싶었기 때문이다. 다니엘은 평소에 하던 기도 대신, 작정기도를 시작했다. 그만큼 간절하고 다급했다.

> 우리는 이미 범죄하여 패역하며 행악하며 반역하여 주의 법도와 규례를 떠났사오며 … 우리가 주께 범죄하였음이니이다 다니엘 9:5,8 °

그는 다급한 마음으로 작정기도를 시작했지만, 자신의 뜻을 먼저 구하지 않았다. 자신과 자기 민족의 죄부터 회개했다. 그리고 이어서 주님의 이름을 세 번 부르며 기도했다.

> 주여 들으소서 주여 용서하소서 주여 귀를 기울이시고 행하소서
> 다니엘 9:19 °

"주님이 용서하시기만 하면, 주님이 행하시기만 하면, 무엇이라도 능치 못할 일이 없는 줄 믿습니다."라는 다니엘의 고백은 모든 문제해결의 열쇠가 하나님께 있음을 인정하는 것이다.

우리는 어려움과 고난에 부딪힐 때, 내 힘으로 상황을 돌파하려고 한다. 하나님보다 앞서 움직이려고 한다. 그러나 모든 문제를 주관하시는 하나님 앞에 상황과 문제를 올려드릴 때, 하나님이 일하시기 시작한다. 문제가 해결된다. 우리가 할 수 있는 것은 오직 기도이다.

예전에 유행했던 일본의 한 브랜드가 다시 소비자의 사랑을 받고 있다. 바로 파나소닉Panasonic이다. 파나소닉은 TV, 라디오, 헤어드라이어 같은 온갖 가전제품을 생산한다. 싸고 저렴하게 다양한 제품군을 생산해서 팔아야 기업이 성장한다는 창업가의 정신에 따른 것이다. 그런데 2000년대 후반, 파나소닉은 큰 위기를 맞이했다. 많은 회사가 LCD TV에 눈을 돌릴 때, 저렴한 가격만 생각하며 옛날 TV를 고수하다가 TV시장을 뺏긴 것이다. 적자가 쌓이면서 시장의 평가도 부정적으로 바뀌었다. 2012년 1월에는 파나소닉 주가가 떨어지며, 엄청난 위기를 맞이했다. 이때 파나소닉은 그동안의 성공철학을 휴지통으로 던져버렸다. 소비자들의 시선에서 파나소닉을 평가하기 시작했다. 그리고 철저히 분석한 끝에, TV와 라디오의 생산을 줄였다. 대신 50~60대를 타켓으로 한 제품을 만들기 시작했다. 그 결과, 매출이 흑자로 돌아서게 되면서 2017년엔 일본 가전시장의 점유율이 27.5%까지 상승했다.

고객의 시선에서 회사를 돌아봤더니, 문제가 해결되었다. 그렇다면 우리 인생에 문제가 생겼을 땐, 무엇을 돌아봐야 할까? 하나님의 관점에서 나를 돌아봐야 한다. 그때, 문제 가운데 있는 하나님의 뜻을 발견하게 되고, 하나님의 일하심을 발견하게 되며, 문제의 실마리를 발견하게 된다. 하나님만 의지할 수 있게 된다.

하나님의 때에 이루시는 하나님

다니엘은 하나님이 약속하신 70년이 되기를 바랐다. 민족의 해방을 빨리 보고 싶은 마음이 얼마나 간절했던지, 그는 먼저 자신과 이스라엘의 죄를 회개해서라도 응답을 받으려 했다. 그러나 그의 간절함에도 불구하고 기도의 응답은 더뎠다. 다니엘은 포기하지 않고, 계속해서 기도했다. 그러던 어느 날, 가브리엘 천사가 그를 찾아왔다.

> 곧 네가 기도를 시작할 즈음에 명령이 내렸으므로 이제 네게 알리러 왔느니라 너는 크게 은총을 입은 자라 다니엘 9:23 °

하나님께서 "네가 기도를 시작했을 때 하나님이 네 마음을 아셨고, 네 기도를 들으셨고, 곧바로 응답하셨다."라고 말씀하신 것이다.

간절한 부르짖음에도 문제가 해결되지 않으면, 하나님께서 내 기도를 듣고 계신 건지 의심이 될 때도 있다. 그러나 우리는 실망하거나 낙심하지 않아야 한다. 다니엘에게 말씀하신 것처럼, 우리의 기도를 이미 들으셨고, 가장 최선의 길로 응답하실 것이기 때문이다.

마이크로소프트Microsoft 창업자인 빌 게이츠Bill Gates가 2017년에 선정한 추천도서가 있다. 「우리가 했던 최선의 선택티부이, 내인생의책」이란 제목의 책인데, 역사의 소용돌이에 휘말린 한 난민의 가정사를 다룬다. 이 책의 저자 티부이Thi Bui는 월남 패망 후, 부모님과 함께 미국으로 이주해 자랐다. 티부이는 1등만을 강요하고 자신만의 방식으로 보상하는 어머니와 무뚝뚝하고 무능한 아버지 밑에서 자랐다. 그녀는 이런 부모님을 이해할 수 없어 원망의 세월을 보냈다.

사실 티부이의 아버지는 프랑스어 교사 출신으로 베트남 교육부에서 일하던 엘리트였고, 어머니는 토목기사 집안 출신으로 부유한 집에서 자란 교사였다. 그러나 베트남 전쟁은 그들 삶의 모든 것을 빼앗아 갔고, 미국으로 망명하여 처참한 현실을 마주하게 했다. 3달러짜리 공장 일을 하며 생계를 유지해야 했던 것이다. 전쟁으로 인한 피난, 불화를 체험한 부모는 그때부터 자신들의 생존 방법을 자식들에게 강요하다시피 가르쳤다. 부모님도 티부이의 답답한 마음을 알고 있었다. 그러나 자식에게 최선의 길을 가르쳐야 했기에, 모른척할 수밖에 없었다.

아무리 기도해도 답답하다고 느낄 때가 있다. 빨리 해결되어야 하는데, 하나님의 응답이 없어서 조급해질 때가 있다. 이럴 때는 마침 하나님이 내 기도를 듣고 계시지 않은 것 같다. 그러나 하나님은 우리의 생각과 마음을 알고 계신다. 우리의 기도도 듣고 계신다. 그리고 가장 좋은 때, 가장 최선의 것으로 주려는 계획을 가지고 계신다. 그러므로 우리가 해야 할 일은 이 사실은 믿는 것이다. 그리고 모든 상황 가운데 절망하지 않고 계속 기도하는 것이다.

가장 좋은 때, 아브라함에게 아들을 주신 하나님은 우리의 삶에도 가장 좋은 때, 더 큰 열매를 맺게 하실 것이다. 그 하나님을 끝까지 신뢰하며 기도하며 나아가야 한다.

두려움을 떨치다

위기의 순간, 지키시는 하나님

바빌론이 망하자, 페르시아의 다리오 왕이 중동의 패권을 잡게 된다. 그리고 그는 곧바로 국가조직을 정비하는데, 우선 나라를 120개 지방으로 나눴다. 또 중앙에 총리 세 명을 두어 120개 지방을 감찰하게 했다. 그런데 이 세 명의 총리 중 수석총리가 바로 다니엘이었다. 우리는 다니엘이 총리라는 사실을 가볍게 넘기지만, 조금만 더 생각해보면 그것은 결코 가벼운 일이 아니다.

우선 다니엘은 페르시아 본토 사람이 아니라 유대인이다. 거기다 유다에서 태어난 포로 1세대이다. 지금도 아무리 똑똑해도 본토인이 아닌 사람이 국가의 지도자가 되기는 어려운 일이다. 그런데 그 옛날, 이민 1세대인 다니엘이 제국의 수석총리가 된 것이다. 또한 그는 페르시아에 의해 멸망한 바빌론 제국의 관리였다. 보통의 역사에서 한 나라가 점령당하면, 그동안의 왕가와 고위 관리는 대부분 죽임을 당하거나 몰락당한다. 그렇기에 다니엘도 바빌론 제국이 멸망했을 때, 당연히 죽어야 했다. 그런데 페르시아 왕은 다니엘을 수석총리로 임명했다. 그래서 그가 수석총리로서 업무를 지시할 때, 사람들은 그를 시기하고 미워했다. 다니엘을 시샘하는 무리가 그를 끌어내리기 위해 할 수 있는 수단과 방법을 모두 동원했지만, 아무리 노력해도 그를 끌어내릴 수 없었다.

> 그가 충성되어 아무 그릇됨도 없고 아무 허물도 없음이었더라
> 다니엘 6:4°

다니엘은 고위 관직이었기 때문에 마음만 먹으면 지방에서 올라오는 세금을 자기 주머니에 챙길 수 있었다. 하지만 그는 언제나 모든 일을 정직하고 공평하게 확실히 감당했다. 그러니 아무리 노력해도 다니엘을 고발할 수 없었다. 그러자 정적들은 방법을 궁리하던 중, 완벽한 계획 하나를 세웠다. 그것은 다니엘의 습관을 이용하는 것이었다.

다니엘은 아침, 점심, 저녁 하루에 세 번씩 다락방에 올라가 예루살렘을 향해 창문을 열고, 하나님께 기도하는 습관을 갖고 있었다. 그가 이것을 얼마나 철저하게 지켰는지, 왕과 신하가 모두 알 정도였다. 정적들은 이것을 이용해 다니엘을 함정에 빠뜨리기로 모의한다. 그리고 왕에게 한 가지 법을 제안했다. 그것은 바로 30일 동안 왕에게만 기도해야 한다는 것이었다. 이것을 어길 시, 사자굴에 던져지는 처형을 당해야 했다. 왕의 이름으로 이 법이 공포되자, 다니엘은 죽음을 각오하고 습관대로 기도할지, 아니면 30일만 기도를 멈추거나, 혹은 기도하되 장소를 바꿀 것인지를 선택해야 했다.

> 다니엘이 이 조서에 왕의 도장이 찍힌 것을 알고도 … 전에 하던 대
> 로 하루 세 번씩 무릎을 꿇고 기도하며 다니엘 6:10 °

다니엘이 집으로 향하자 그를 지켜보던 무리들이 뒤를 쫓았다. 다니엘은 그들이 자신이 기도하기를 기다렸다가 왕에게 말할 것을 알고 있었다. 그리고 기도한 사실이 알려지면, 죽을 것이라는 것 또한 알고 있었다. 그런데도 평소처럼 창문을 열고 하나님께 기도하는 것이 아닌가? 성경은 그의 모습을 "전에 하던 대로"라고 말한다. 물론 이때 다니엘의 마음은 평소와 달랐을 것이다. 죽음에 대한 두려움 때문에 떨리는 가슴을 부여잡았을 수도 있다. 그 어느 때보다 비장한 결단으로 기도했을 터다. 이 두렵고 떨리는 상황에서, 다니엘은 뭐라고 기도했을까?

> 하나님께 감사하였더라 다니엘 6:10 °

다니엘은 결단의 순간에 감사했다. 원망하거나 살려달라고 기도하지 않았다. 오히려 지금까지 살게 하심에, 오늘이 나에게 주신 가장 좋은 하루임에 감사했다. 그렇게 결단의 때에 기도한 다니엘은 결국, 하나님의 마음을 감동시킨다. 그 기도는 어떤 상황에서도 하나님을 기억하겠다는 결단의 표현이자, 세상이 위협에도 하나님만 의지하겠다는 표현이었기 때문이다.

우리도 살다 보면 삶과 죽음의 기로에서 결단해야 할 때가 온다. 그때도 지금껏 지키시며 가장 좋은 것을 주심에 감사할 때, 하나님은 분명 우리를 도우실 것이다.

"지금까지 지켜주시고 가장 좋은 것을 주신 하나님, 감사합니다."

넉넉히 승리할 수 있는 힘

다니엘이 기도하는 모습을 본 정적들은 곧바로 왕궁에 달려가 그를 고발했다. 그리고 다리오 왕은 그때서야 큰일이 일어났음을 깨달았다. 왕은 공평하고 정직한 다니엘을 신뢰했기 때문이다. 페르시아 법에는 왕이 시명하고 도장을 찍어 법을 공포하면, 더는 그것을 뒤집을 수 없다는 규정이 있다. 그런데 왕이 이 법에 직접 서명하고 도장까지 찍은 것이다. 왕은 자신이 허락한 법 때문에 가장 신뢰하던 신하를 죽이게 됐다. 왕은 해가 질 때까지 다니엘을 살릴 방법을 찾지만, 끝내 찾지 못했다.

다니엘은 체포되어 사자굴로 들어가고 문이 봉해졌다. 이것을 본 왕은 밤새도록 금식하며 모든 풍악을 금지시켰다. 그런데 왕의 마음을 더 아프게 하는 것이 있었으니, 바로 다니엘의 담담한 표정이었다. 극도의 두려움에 분노하고 울어야 할 그가 너무 담담했다. 사실 다니엘도 이런 상황이 일어날 것임을 알고 있었다. 그럼에도 그는 기도하기를 멈추지 않고, 분명한 결단을 보였다. 어떻게 그럴 수 있었을까? 그 해답은 다리오 왕의 말속에서 찾을 수 있다.

> 그는 살아 계시는 하나님이시요 다니엘 6:26°

물론 이 말은 다리오 스스로 알아서 한 것이 아니다. 다니엘이 평상시에 그렇게 믿고 고백했기에, 왕도 알았다. 다시 말해, 다니엘은 잘될 때나 어려울 때나 하나님을 인정하고 고백한 것이다. 그래서 다니엘은 흔들리지 않을 수 있었다. 그렇게 다니엘이 하나님의 살아계심을 믿고 결단하자, 놀라운 일이 벌어졌다.

> 나의 하나님이 이미 그의 천사를 보내어 사자들의 입을 봉하셨으므로 사자들이 나를 상해하지 못하였사오니 다니엘 6:22°

하나님께서 사자들의 입을 막으심으로 다니엘이 사자굴 속에서 살아났다. 다리오 왕은 다니엘을 구한 뒤 정적들을 사자굴에 넣었는데, 그들은 땅에 닿기도 전에 사자들의 먹이가 되어버렸다.

누구나 한 번쯤은 사생결단의 고비를 만날 때가 있다. 그때 우리도 다니엘처럼 하나님의 살아계심을 고백할 수 있어야 한다. 이것을 고백하고 결단할 때, 그분께서 모든 일 가운데 친히 간섭하시며 우리를 이끄실 것이다. 그래서 시편 42편의 시인도 불안하고 죽고 싶은 순간에 이렇게 고백한다.

> 내 영혼이 … 살아 계시는 하나님을 갈망하나니 … 너는 하나님께 소망을 두라 나는 그가 나타나 도우심으로 말미암아 내 하나님을 여전히 찬송하리로다 시편 42:2,11°

또 눈물이 날 때, 시편 84편을 통해 이렇게 고백한다.

> 내 영혼이 여호와의 궁정을 사모하여 쇠약함이여 내 마음과 육체가 살아 계시는 하나님께 부르짖나이다 시편 84:2°

우리의 시선이 사람과 세상에 맞춰져 있으면, 늘 좌절할 수밖에 없다. 그러나 살아계신 하나님을 믿고 고백하면, 어떤 것도 넉넉히 이길 수 있다. 다니엘과 같은 바른 결단과 믿음으로 기도하며, 세상을 넉넉히 이기며 살아갈 수 있다. 우리가 쉬지 않고 기도해야 하는 이유는 이것이다.

Why _____

오직 하나님만 바라보기 위해 기도합니다.

하나님, 나를 아시지요?
내가 누군지, 무슨 생각을 하는지 다 아시지요?
때때로 모든 것이 원망스러워
누구라도 붙잡고 하소연하고 싶을 때가 있습니다.
이런 나를 다 알고 계신다고 생각했습니다.
이런 나를 다 듣고 계신다고 생각했습니다.
그래서 기도하지 않아도 문제없으리라 생각했습니다.
그러다가 내 뜻대로 되지 않으면
'왜 그러시냐'고 하나님을 원망했습니다.
하나님께 먼저 다가가기보다
하나님께서 먼저 내게 와주시길 바랐습니다.

아버지의 마음을 아프게 하는 나를 용서해 주옵소서.
아버지께는 관심 없고
그저 원하는 것만 구했던 나를 용서하여 주소서.
아버지와 대화하기를 좋아했던 예수님처럼
나도 이제부터 아버지께 솔직하고
아버지께 먼저 다가가기를 원합니다.

손을 모으고, 마음을 모아 기도합니다.
보잘것없고 초라한 모습이지만, 아버지께 나와서 기도합니다.
그 기도를 통해서 주님 만나게 하시고
거룩한 능력을 주옵소서.
거친 세상, 험한 세상이 나를 둘러쌀 때
더욱 기도하게 하시고
그 기도를 통해서 주님만 바라보도록
나의 시선을 인도해 주옵소서.

마음을 지켜 주옵소서.
남을 이겼다고 좋아하기보다
하나님께서 주시는 은총에 감사하게 하소서.
내가 바라는 것보다
하나님께서 원하시는 것을 먼저 구하게 하소서.
내가 바라던 길이 아니어도
하나님께서 가장 좋은 길로 인도하셨음을 고백하는
그런 믿음을 주옵소서.

                              예수님의 이름으로 기도합니다. 아멘.

Chapter. 6

How

어떻게 기도하고 있습니까?

혹시 거룩한 척 하고 있지 않는가?
은혜로운 척, 경건한 척 하진 않는가?
하나님은 나의 말이나 외모가 아닌 중심을 보신다.
부족하면 부족한 대로, 내 모습 그대로를 원하신다.
나를 가장 잘 아시는 분, 바로 그분이
나의 아버지, 하나님이시다.
그 아버지께 나의 가장 진실한 고백을 드리자.
거짓 없는 중심으로 기도하자.
그 기도에 하나님은 역사하신다.

괜찮은 척, 철든 척 말고

솔직하게 아뢰다

기도는 하나님께 부르짖고 이야기하는 것이다. 그렇다면 우리는 하나님께 어떤 모습으로 부르짖고 이야기해야 할까? 많은 사람이 기도할 때 부담감을 느낀다. 왜 그런가? 가장 큰 이유는 무슨 말을 해야 할지 몰라서다. 어떤 사람은 '이 말을 해도 될까? 무례한 거 아닐까?' 하는 생각에 주저하고, 또 어떤 사람은 '이 기도를 옆 사람들이 들으면 웃겠지?' 하며 머뭇거린다. 그러나 기도는 멋진 표현이 아니어도 좋다. 논리정연하거나 형식이 잘 갖추어지지 않아도 괜찮다. 기도는 솔직해야 한다. 그 대표적인 사람이 기드온이다.

이스라엘 백성들이 기도하자 하나님께서 구원의 약속을 주셨다. 이스라엘 백성들은 기뻐하며, 하나님께서 도우실 날을 기다렸다. 하나님은 이스라엘 구원의 약속을 성취하시기 위해 므낫세 지파인 기드온을 택하신다. 하지만 아무것도 모르는 기드온은 미디안 족속이 두려워 그들 몰래 숨어서 밀을 탈곡하고 있었다. 그런데 그때, 기드온 앞에 천사가 나타났다.

"오! 큰 용사여! 하나님께서 너와 함께 계시도다."

만일 하나님께서 우리에게 이렇게 나타나신다면, 우리는 어떻게 맞이할까? 대통령이 갑자기 나타나도 옷매무새를 가다듬고 공손하게 맞이할 것이다. 하물며 하나님께서 오셨다면, 더더욱 그래야 하지 않겠는가. 그런데 기드온의 태도는 달랐다.

> 기드온이 그에게 대답하되 오 나의 주여 여호와께서 우리와 함께 계시면 어찌하여 이 모든 일이 우리에게 일어났나이까 사사기 6:13°

기드온은 하나님께 예의를 갖추기는커녕, 이스라엘 백성이 겪는 어려움에 대해 따져 묻는다. 그는 하나님 앞에서 잘 보이기보다는 자신의 마음을 있는 그대로 표현했다. 이에 천사는 기드온에게 "하나님이 너를 택하셨다. 미디안에게 가라."라고 말한다.

> 오 주여 내가 무엇으로 이스라엘을 구원하리이까 보소서 나의 집은 … 극히 약하고 나는 … 가장 작은 자니이다 사사기 6:15°

기드온은 앞에서처럼 두렵고 불편한 심정을 솔직하게 그대로 말했다. "저는 능력도 없고 못 합니다. 이상한 소리 하지 말고 빨리 가세요!" 언짢은 마음을 가감 없이 드러내는 기드온은 너무 솔직하다 못해, 참 무례하다. 그러나 하나님은 기드온의 무례함에도 그를 향한 뜻과 계획을 거두시지 않으셨다. 그를 포기하지 않으셨다. 계속해서 기드온을 향해 "내가 너와 함께 하겠다."라고 말씀하실 뿐이다. 그러자 그는 하나님께 확실한 증표를 보여 달라고 요구했다.

"당신이 진짜 하나님이면, 내가 예물을 가져올 테니 여기 가만히 계세요."

그리고 한참 뒤, 기드온이 예물에 쓸 음식을 가지고 왔다. 그러자 하나님은 그가 갖다 놓은 음식을 불로 다 태우셨다. 그의 예물을 받으신 것이다. 그리고 며칠이 지나 하나님께서 그에게 준비 되었는지 물으셨다. 그러나 기드온은 또다시 자신의 불편한 마음을 드러내며 다시 한번 증거를 보여 달라고 떼를 썼다. 땅은 말라 있는데 타작마당에 놓아둔 양털 한 뭉치만 젖어 있으면 믿겠다고 한 것이다. 어떻게 되었겠는가? 하나님께서 기드온의 말대로, 양털만 푹 젖게 하셨다. 그런데도 기드온은 또 하나님을 시험했다.

"내일은 반대로 해주세요."

하나님은 화가 날 법도 한데, 그의 요구를 다 들어주셨다. 기드온은 그제야 하나님의 부르심에 응답하기로 결심했다. 그때 하나님께서 기드온에게 한 가지 선물을 주신다.

여호와의 영이 기드온에게 임하시니 사사기 6:34°

바로 성령이었다. 기드온에게 성령을 통해서 지혜와 능력을 주셨다. 하나님은 도대체 기드온의 무엇을 보시고, 성령까지 주셨던 것일까? 그는 삐치면 삐친 대로, 두려우면 두려운 대로, 불편하면 불편한 대로, 하나님께 솔직하게 말했다. 때때로 무례한 모습도 있었다. 그러나 하나님은 그런 솔직함을 보시고, 성령을 주셨다. 하나님이 기도하는 사람에게 원하시는 모습은 하나님 앞에 자신의 체면을 차리고 잘 보이려고 애쓰는 사람이 아니라, 있는 모습 그대로 솔직하게 나오는 사람이다. 그러니 체면보다 솔직함이 먼저다. 이것이 하나님께서 기뻐하시는 기도이다.

> 너희는 여호와를 만날 만한 때에 찾으라 가까이 계실 때에 그를 부르라
> 이사야 55:6 °

기도할 때 하나님 눈치, 사람 눈치를 보지 말아야 한다. 기드온처럼 하나님 앞에 내 마음을 남김없이 솔직하게 기도해야 한다. 그럴 때 하나님께서 그 빈 마음에 성령을 주실 줄 믿는다. 기도는 그저 비는 것이 아니다. 기도는 하나님께 나아와 아뢰는 것이다. 기도는 멋지게 하는 것이 아니다. 기도는 솔직하게 하는 것이다.

환난 중에 있던 이스라엘 백성들이 진짜 기도로 구원을 받았다. 기드온 역시 하나님께 솔직하게 기도했을 때 성령을 받았다. 솔직한 심령을 하나님 앞에 털어 놓는 기도로 하나님과 더욱 친밀해질 수 있다. 하나님이 기뻐하시는 기도를 올려 드리는 진짜 기도의 사람이 되어야 한다.

감정의 벽을 넘어서라

말씀에 의하여 기도하라

이스라엘 백성은 애굽에서 해방된 뒤, 모세를 따라 광야를 지난다. 그리고 하나님께서는 그들의 어려움을 아시고 필요한 것을 공급하셨다. 먹을 것과 마실 것을 주셨고, 낮에는 그늘을, 밤에는 불을 주셨다. 그러나 이스라엘 백성은 하루가 멀다 하고 원망하며 불평했다. 내가 모세고 하나님이라면, 이들을 보면서 어떤 마음이 들까? 들어주는 것도 한두 번이지, 불평이 계속되면 보기만 해도 화가 날 것이다. 그러나 하나님은 인내하며 백성을 이끌고 가신다.

그 후 애굽을 나온 지 3개월 뒤, 모세와 이스라엘 백성이 시내산에 도착했다. 그때 하나님께서 천둥번개와 구름으로 임하시더니 모세를 부르신다. 그렇게 모세는 시내산에 올라갔고, 시간이 지나도 그는 내려오지 않았다. 이때 모세는 40일 동안 금식하며 하나님이 주신 율법, 즉 십계명과 여러 법을 받는 중이었다. 그러나 이것을 알 리가 없는 이스라엘 백성은 불안에 떨기 시작했다. 그리고 문제가 시작된다.

> 모세가 산에서 내려옴이 더딤을 보고 … 백성이 아론에게 … 말하되
> 일어나라 우리를 위하여 우리를 인도할 신을 만들라 출애굽기 32:1°

기다림에 지친 이스라엘 백성이 아론에게 몰려와서 외쳤다.

"모세가 죽었는지 살았는지 모르니, 이제부터 우리를 인도할 신을 만듭시다."

아론이 잠시 저항해보지만 그들의 의지가 얼마나 강했는지, 아론도 결국 그 뜻에 따랐다. 그래서 아론은 백성에게 금 장신구를 가지고 오라고 명령한 후, 그것을 큰 솥에 녹이고 금송아지를 만들었다. 그리고 외쳤다.

"이 신이 너희를 애굽에서 인도하여 낸 신이다. 기뻐하라!"

다음날, 온 이스라엘 백성은 금송아지를 숭배하며 축제를 벌였다. 그때, 하나님께선 이 모든 일을 보고 계셨다. 그래서 모세에게 말씀하시던 것을 멈추고 이렇게 말씀하셨다.

"모세야! 지금 당장 밑으로 내려가라. 저들이 우상을 만들고 날뛰고 있다."

하나님이 얼마나 분노하셨는지 모세는 깜짝 놀랐다. 그렇다면 이 상황에서는 무슨 말씀을 드려야 할까? 보통의 사람이라면 이렇게 말했을 것이다.

"하나님! 맞습니다. 저도 지긋지긋합니다. 차라리 제가 하나님이 기뻐하시는 민족을 만들겠습니다."

그런데 모세는 전혀 다르게 기도한다.

답은, 기도   243

> 주의 맹렬한 노를 그치시고 뜻을 돌이키사 주의 백성에게 이 화를 내리지 마옵소서 출애굽기 32:12 °

자기를 힘들게 하는 원수 같은 이스라엘 백성을 위해서 기도했다. 큰 실망을 안겨준 이스라엘 백성을 위해 간절하게 기도했다. 마음 같아서는 "하나님, 맞습니다. 다 죽여주십시오."라고 말하고 싶었을지 모른다. 그러나 모세는 그 감정의 응어리를 이겨내고, 원수들을 위해 기도했다. 어떻게 감정을 이겨내고 기도할 수 있었을까?

> 주의 종 아브라함과 이삭과 이스라엘을 기억하소서 주께서 … 맹세하…시기를 내가 너희의 자손을 하늘의 별처럼 많게 하고 … 이 온 땅을 너희의 자손에게 주어 영원한 기업이 되게 하리라 하셨나이다 출애굽기 32:13 °

모세는 하나님의 약속, 하나님의 말씀을 기억했기 때문에 백성에 대한 미움과 분노를 넘어 기도할 수 있었다. 그랬더니 하나님께서 그 기도에 이렇게 응답하셨다.

> 여호와께서 뜻을 돌이키사 말씀하신 화를 그 백성에게 내리지 아니하시니라 출애굽기 32:14 °

하나님께서 감동하셔서 뜻을 돌이키시고, 모세의 기도대로 응답하신 것이다.

우리도 살다 보면 미운 사람을 위해 기도해야 할 때가 있다. 하나님께서 원수 같은 사람을 위해 기도하라는 마음을 주신다. 그러나 이미 받은 크고 작은 상처로 도무지 기도가 되지 않을 수 있다. 내 감정으로는 기도가 되지 않고 기도하기 싫을때, 어떻게 해야 할까? 말씀으로 기도하면 된다. 그 기도가 하나님을 감동하게 하고, 응답의 통로가 될 것이다.

기도하기 힘들 때도 감정에 의해 휘둘리지 않아야 한다. 모세처럼 말씀대로 기도하는 인생이 되어야 한다. 그러면 분명, 그 기도가 하늘 보좌를 움직이고 말씀대로 응답받는 삶이 될 것이다.

책임감으로 기도하라

모세는 하나님의 약속을 상기시킴으로 하나님의 뜻을 겨우 돌렸다. 그리고 서둘러 산을 내려갔다. 아마 내려가는 내내 어떻게 된 일인지 걱정하며 떨렸을 것이다. 그렇게 한참을 내려가고 있는데, 저 밑에서 요란한 소리가 들리고 여호수아는 그 소리를 싸우는 소리라고 말했다. 그때 모세는 언짢은 목소리로 대답했다.

"저건 싸우는 게 아니라 노랫소리다."

그렇게 걱정되는 마음으로 내려가서 아래를 내려다보는데, 그 모습이 정말 가관이다. 진영 한가운데 금송아지가 놓여있었고, 사람들은 그 주위에서 춤추며 노래하고 있었다. 더 기가 막힌 것은 자신이 없는 동안 백성을 잘 이끌어야 했던 아론마저 금송아지 앞에서 먹고 마시며 노래하고 춤추고 있었다는 것이다. 이를 본 모세는 분노했다. 그리고 하나님이 주신 십계명 돌판을 던졌다. 그러자 돌이 깨지는 소리에 백성과 아론이 깜짝 놀랐다.

모세는 진영에 내려오자마자, 금송아지를 부수고 산산조각 냈다. 그리고 앞에 있던 제단을 불태운 뒤 아론을 추궁하지만, 그는 변명하기에 바빴다. 그 모습을 본 모세는 실망하고, 이내 칼을 뽑아 레위 자손에게 명령했다.

"여호와의 편에 서는 자에게 주님이 말씀하신다. 너희는 지금 당장 칼로 이 끝에서 저 끝까지 형제, 친구, 이웃을 죽여라."

그러자 레위 자손들은 우상 옆에서 먹고 마시던 사람들을 무참히 죽였다. 그 자리에서 3천 명이 죽임을 당하고 나서야 사건은 종결됐다. 그러나 모세의 분노와 실망감은 쉽게 가라앉지 않았다. 생각했던 것보다 이들의 죄가 너무 컸기에, 또다시 고민했다. 그리고 다음 날, 모세는 기도하러 다시 산에 올라갔다.

> 슬프도소이다 이 백성이 … 큰 죄를 범하였나이다 그러나 이제 그들
> 의 죄를 사하시옵소서 출애굽기 32:31-32 °

모세는 처음 기도했던 것처럼, 백성을 용서해 달라고 기도했다. 그러나 처음과는 다른 심정이었다. 기도하기 더 힘들고 말하기가 쉽지 않았다. 눈앞에서 보고 나니, 그 실망감과 분노가 더 커졌기 때문이다. 그러나 모세는 그 감정을 이기고 다시 기도했다. 어쩌면 그 감정을 이기기 위해 몸부림을 치면서 기도했을 수도 있다.

그렇다면 모세는 백성에 대한 실망, 미움을 어떻게 극복하고 기도했을까? 바로 여기에 나의 강점을 이겨내고 기도할 수 있는 중보기도의 핵심이 숨겨져 있다. 그는 하나님이 주셨던 책임을 기억했다.

그렇지 아니하시오면 원하건대 주께서 기록하신 책에서 내 이름을
지워 버려 주옵소서 출애굽기 32:32 °

모세는 자신의 생명을 걸고 이스라엘 백성을 살려 달라고 기도했다. 왜 그랬는가? 바로 하나님이 주신 책임감 때문이다. 하나님은 처음 모세를 부르실 때, 이런 책임을 부여하셨다.

내가 … 그들을 … 젖과 꿀이 흐르는 땅…에 데려가려 하노라 … 이
제 내가 너를 … 보내어 … 내 백성 이스라엘 자손을 … 인도하여 내
게 하리라 출애굽기 3:8-10 °

이스라엘 백성을 약속의 땅으로 데려가라는 책임이었다. 모세는 언제, 어디서나 이것을 기억했다. 그래서 때때로 그들의 원망과 불평 때문에 상처를 입었어도 끝까지 인도했다. 그리고 하나님이 주신 책임감을 기억하기에, 자신의 생명을 걸면서 기도한 것이다. 이런 모세에게 하나님께서 말씀하셨다.

여호와께서 모세에게 이르시되 누구든지 내게 범죄하면 내가 내 책
에서 그를 지워 버리리라 출애굽기 32:33 °

범죄 한 사람은 죽이겠지만, 이스라엘 전체는 죽이지 않겠다고 약속하셨다.
우리도 모세와 마찬가지로 미운 사람을 위해 기도해야 할 때가 있다.

그럴 때 우리도 하나님이 주신 책임감을 기억해야, 미운 감정을 이겨낼 수 있다. 배우자에 대한 실망, 자녀에 대한 실망, 직장 동료에 대한 실망했다면 그곳에 나를 보내신 책임을 기억해야 한다. 하나님께서는 그 배우자를, 자녀를, 직장 동료를 구원하시기 위해 나를 보내셨다. 이 책임을 기억한다면 미워도 다시 한번, 실망해도 다시 한번 감정의 벽을 넘어 기도하는 기도자로 서게 될 것이다.

멈추지 말고 계속 기도하라

겸손하게 나아가라

솔로몬은 다윗이 부하의 여인이던 밧세바를 취하여 얻은 아들이다. 그렇기에 솔로몬은 태어나기 전부터 사람들의 손가락질을 받았다. 이를 알게 된 다윗은 그 아이의 삶이 평안하기를 바라며 솔로몬이라는 이름을 주지만, 그의 삶은 평탄하지만은 않았다. 암논, 압살롬, 아도니야 같은 쟁쟁한 형들 밑에서 조용히 지내야만 했다. 형들에게 밉보이면 그중 누구라도 왕이 되는 순간, 죽임을 당하기 때문이다. 그래서 솔로몬은 애초부터 왕이 되겠다는 꿈을 포기하고 살았다.

그런데 몇 년 사이, 상황이 바뀌었다. 첫째 암논은 여동생을 욕보였다가 동생 압살롬에 의해 살해당한다. 형을 죽였던 셋째 압살롬은 반란을 일으켰다가 죽는다. 또 둘째는 이미 일찍 죽었고, 왕이 될만한 사람은 넷째 아도니야 뿐이었다. 이때부터 솔로몬의 어머니 밧세바는 솔로몬이 차기 왕권을 이을 수 있기를 꿈꾸며 기회를 엿본다.

그 후 세월이 흐르고 다윗이 늙자, 차기 왕권을 노리는 세력들이 움직이기 시작했다. 그러던 어느 날, 아도니야가 예루살렘 외곽 지역에서 파티를 열고 많은 신하 앞에서 왕위 추대식을 거행했다. 그러자 왕궁에 있던 밧세바는 이 소식을 듣고 깜짝 놀라, 다윗에게 간청했다.

"전에 솔로몬을 왕으로 세우겠다고 약속하셨습니다. 이제 선포해주십시오."

다윗은 자기가 진짜 그런 약속을 했는지 기억나지 않았다. 그러나 밧세바의 눈물에 흔들린 다윗은 솔로몬에게 차기 왕권을 넘겨줬다.

우여곡절 끝에 왕이 된 솔로몬은 눈앞의 급한 혼란을 정리해 갔다. 그는 먼저 왕위에 대적하는 무리를 제거했다. 왕위를 노리던 아도니야를 죽이고, 그를 지지하던 대제사장을 추방했다. 이어 다윗 가문을 부정하던 시므이라는 사람도 처형한다. 이러한 혼란이 정리된 후에야 솔로몬의 통치가 시작된다.

솔로몬이 애굽의 왕…의 딸을 맞이하고 … 자기의 왕궁과 여호와의 성전과 예루살렘 … 성의 공사가 끝나기를 기다리니라 열왕기상 3:1 °

솔로몬은 왕으로서의 통치를 시작하며 결혼을 통해 애굽과 동맹을 맺는다. 또 도성과 왕궁을 건축하기 시작한다. 그러나 고민거리가 다 해결된 것은 아니다. 큰 혼란은 정리했지만, 여전히 많은 신하가 솔로몬을 인정하지 않았다. 그럴수록 통치를 더 잘해야 했지만, 그것도 쉽지 않았다. 수많은 백성을 통치하기 위한 방법도, 열강의 틈에서 살아남기 위한 방법도 몰랐다. 그저 답답하고 막막했다. 이럴 때, 그는 어떻게 했을까?

> 이에 왕이 제사하러 기브온으로 가니 거기는 산당이 큼이라 솔로몬
> 이 그 제단에 일천 번제를 드렸더니 열왕기상 3:4°

솔로몬은 예루살렘에서 9km 떨어진 기브온 산당으로 갔다. 그리고는 그곳에서 며칠간 번제를 드렸다. 이는 말도 안 되는 일이다. 대통령이 처음 일을 시작하려면 나라를 돌아보고 상황을 살펴야 한다. 그리고 전문가들을 불러 대책을 논의해야 한다. 그런데 솔로몬은 나라를 돌아보지도 않고, 전문가들을 부르지도 않았다. 오히려 도망치듯 떠나, 기브온 산당으로 나아간 것이다. 왜 그랬을까?

> 여호와여 … 왕이 되게 하셨사오나 종은 작은 아이라 출입할 줄을 알
> 지 못하고 주께서 택하신 백성 가운데 있나이다 누가 주의 이 많은
> 백성을 재판할 수 있사오리이까 열왕기상 3:7-9°

솔로몬은 하나님 앞에서 자신이 얼마나 부족한지 알았다. 그리고 하나님만이 문제를 해결하실 수 있음도 알았다. 그래서 그는 자기 자신과 전문가를 믿기보다, 먼저 하나님께 나아간 것이다. 해야 할 일을 모두 내려놓고 기도하며 하나님을 붙들었다. 그러자 하나님께서 응답하신다.

> 네게 지혜롭고 총명한 마음을 … 또 네가 구하지 아니한 부귀와 영광
> 도 네게 주노니 네 평생에 왕들 중에 너와 같은 자가 없을 것이라
> 열왕기상 3:12-13°

하나님은 그에게 지혜와 총명함을 약속하셨다. 문제해결의 키를 주신 것이다. 또한 부강함과 영광도 주겠다고 말씀하셨다. 신하들의 눈초리로 힘들어하던 그에게 염려하지 말라고 말씀하신 것이다. 그렇다면 하나님은 그의 어떠함을 보시고 응답하신 걸까? 그것은 바로 겸손히 기도하는 모습이다.

가끔 사람들에게서 이런 이야기를 들을 때가 있다.

"제가, 오죽하면 무릎까지 꿇었습니다. 그런데 왜 안 들어주십니까?"

"제가 생각한 계획이 있어요. 5백만 원만 있으면 다 되거든요. 그래서 기도했어요. 5백만 원만 달라고요. 나머지는 제가 잘 할 수 있다고요. 하나님은 능력이 많으시다면서요? 그런데 왜 안 주십니까?"

물론 답답하고 간절하기에 그런 기도가 나올 수 있다. 그러나 답답하고 간절할수록 솔로몬의 기도를 기억해야 한다. '내가 누군데'라는 마음을 내려놓는 겸손함으로 기도해야 한다. 내 소원과 계획을 내려놓고 하나님의 길을 구해야 한다. 그때, 길이 열리는 은혜가 있을 것이다.

첫 마음을 잘 지켜라

솔로몬의 겸손한 제사와 기도에 응답하신 하나님은 그에게 한 가지를 당부하셨다.

> 네가 만일 네 아버지 다윗이 행함 같이 내 길로 행하며 내 법도와 명령을 지키면 내가 또 네 날을 길게 하리라 열왕기상 3:14°

기도할 때 보인 겸손함을 끝까지 지키라는 것이다. 하나님의 응답을 체험한 솔로몬은 곧바로 예루살렘에 돌아왔다. 그리고 돌아오자마자 결단하는 마음으로, 언약궤 앞에서 번제와 감사제를 드렸다. 모든 제사가 끝난 뒤에는 신하들에게 음식을 베풀며 기쁨을 나눴다. 이때부터 솔로몬은 하나님이 주신 지혜로, 백성의 문제를 해결하고 다루기 시작했다. 대표적인 예가 솔로몬의 재판 이야기다.

두 창기가 솔로몬에게 한 아기를 데리고 와서, 서로 자기 아들이라고 주장했다. 그러자 솔로몬은 '아이를 둘로 베라'는 결정을 내리며, 진짜 엄마를 밝혀냈다. 사람들은 솔로몬의 지혜에 감탄을 금치 못했다. 이처럼 솔로몬은 하나님이 주신 지혜로 나라를 잘 이끌어 가기 시작했다. 행정 조직도 다시 정비하고, 20년 만에 성전과 왕궁 건축도 마쳤다. 또 외교와 무역도 얼마나 잘했는지 많은 나라가 조공을 바치고, 많은 왕이 오고 싶어 하는 나라가 됐다.

이제 이스라엘은 열강 속에서 경제 강국이 되었고, 솔로몬은 팔레스타인의 수많은 왕 중에 빛나는 왕이 되었다. 겁날 것이 없었다. 누구도 솔로몬에게 도전할 수 없을 것 같았다. 그런데 언젠가부터 막강하던 솔로몬의 아성이 무너지기 시작했다. 열강을 주름잡던 이스라엘의 경제가 쇠락하고 솔로몬의 대적들이 생겼다. 이게 어떻게 된 일일까?

> 솔로몬이 마음을 돌려 … 여호와를 떠나므로 여호와께서 그에게 진노하시니라 … 여호와께서 솔로몬에게 말씀하시되 … 내가 반드시 이 나라를 네게서 빼앗아 네 신하에게 주리라 열왕기상 11:9-11 °

솔로몬이 하나님을 떠났기 때문이다. 그는 정략결혼과 함께 들어온 우상들을 섬기고, 하나님의 말씀을 무시했다. 물론 성전에 가서 꾸준히 예배는 드렸지만, 그것은 의무감 때문이었다. 그 옛날 기브온 산당에서 드렸던 마음, "주님! 저는 아무것도 아닙니다. 저는 하나님밖에 붙들 분이 없습니다." 와 같은 겸손함을 잃어버린 것이다. 그리고 그 자리엔 "내가 왕이야. 하나님도 나를 건드릴 수 없어!"라는 마음이 꽉 차 있었다.

솔로몬의 교만함과 죄악에 하나님께서 약속을 거두셨다. 솔로몬은 이전의 영광과 달리 비참한 말년을 보낸다. 여기서 기도를 위한 중요한 사실을 발견한다. 그것은 하나님을 향한 첫 마음을 잘 지켜야 한다는 것이다.

우리는 흔히 기도를 응답받고 문제가 해결되면 다 끝났다고 생각한다. 그러나 아니다. 응답받은 후에도 처음 기도할 때 가졌던 간절함과 겸손함, 첫 믿음과 첫사랑을 지켜야 비로소 그 기도가 완성된다. 첫 마음을 잘 지키면, 신실하신 하나님께서 그 마음을 기억하시고 지키실 것이다.

우리 또한 자신을 돌아봐야 한다. 문제가 있을 때는 간절히 기도하다가, 문제가 해결되면 언젠가부터 기도에 소홀해지지 않는가? 열심히 기도했던 때를 추억으로 떠올리며, 이제는 하나님을 가끔 만나도 된다고 안심하고 있지 않은가?

1950년부터 2006년까지 히말라야^{Himalayas} 등정에 성공한 사람은 총 2,864명이라고 한다. 그리고 통계를 보면 그중 255명이 추락사로 죽었다. 추락사의 48%가 정상을 밟은 직후였다. "이제 다 되었다."라고 안심하는 순간, 긴장감이 풀리고 그때 사고가 일어난 것이다. 그래서 등산 전문가들은 이렇게 말한다.

"등산할 때 사람들은 정상에 오르는 것을 중요하게 보지만, 진짜 중요한 것은 잘 내려오는 것이다. 그때까지 긴장을 잘 유지해야 한다."

기도도 그렇다. 응답받고 문제가 해결되었다고 해서 끝난 것이 아니다. 문제가 해결된 뒤에도 첫 마음을 잘 붙들고, 끝까지 잘살아야 한다.

우리가 믿고 기도하면 하나님은 반드시 응답하신다. 그러나 응답받았다고 거기서 멈추지 않아야 한다. 끝까지 첫 마음을 지킴으로 주님 부르시는 그날까지 승리하는 인생이 되어야 한다.

약할 때 강함 되신다

위기를 뚫다

매 끼니를 챙겨 먹던 이전 시대와 다르게, 요즘은 삼시세끼를 다 챙겨 먹는 사람을 찾아보기가 어렵다. 실제 최근 몇 년간 실시된 설문조사를 살펴보면, 우리나라 성인의 절반 이상이 하루에 세끼를 먹지 못한다고 한다. 그리고 자발적으로 끼니를 거르는 사람 중 대다수는 체중을 줄이기 위해서 일부러 식사를 하지 않는다. 게다가 몇 년 전, TV에서 소개된 '간헐적 단식'이 사람들에게 큰 반향을 일으키며 끼니를 줄이는 데 일조했다. 어쩔 수 없이 끼니를 챙기지 못하는 사람들도 있다. 주로 직장인과 학생들이다. 아침 일찍 출근과 등교를 해야 하다 보니, 자연스럽게 아침을 거르게 된 것이다. 크리스천들도 산발적으로 끼니를 거를 때가 있다. 바로 금식기도를 할 때다.

　인생의 분기점에 섰거나, 수련회나 사순절과 같은 중요한 시기에 성도들은 끼니를 거르며 기도한다. 그래서 다들 한 번쯤은 금식기도를 참여해본 적이 있다. 그러나 의외로 많은 교인이 금식기도의 의미나 방법을 제대로 모른다. 또 금식기도에 대한 이해가 부족한 탓에 때로는 힘들고 피하고 싶은 기도, 혹은 시켜서 억지로 하는 기도 정도로 인식한다. 그러나 성경은 이 기도가 얼마나 강력하고 중요한지 보여준다. 성경에 기록된 절체절명 위기의 순간, 금식기도를 통해 이겨낸 이야기들은 바른 기도가 어떤 것인지 주목하게 한다.

연약함을 고백하라

사무엘은 이스라엘 민족이 왕을 세우기 전에 활동했던 지도자로, 엘가나와 한나 사이에서 태어났다. 한나는 아이를 낳을 수 없는 여인이었으나, 하나님의 은혜로 사무엘을 낳게 된다. 그러나 한나는 사무엘이 젖을 떼자마자 성막으로 보냈다. 하나님께 아이를 바치겠다는 서원을 드렸기 때문이다. 따라서 사무엘은 어렸을 적부터 엘리 제사장의 교육을 받으며 자랐다.

그러던 어느 날, 블레셋이 이스라엘을 침공하자 엘리의 두 아들은 하나님의 이름으로 블레셋과의 전쟁에 나섰다. 하나님의 이름으로 나갔으니 이기는 것이 당연했지만, 처참히 패하고 전사했다. 심지어 하나님 임재의 상징인 법궤까지 빼앗긴다. 이 소식에 충격을 받은 대제사장 엘리가 죽자, 사무엘이 그 뒤를 이어 이스라엘의 지도자가 되었다. 그는 이스라엘의 지도자로서 성막을 지키며 제사를 드리고 하나님의 말씀을 전했다. 또한 전쟁과 약탈로 상처받은 사람들을 위로하고 이스라엘을 재건했다. 그 사이 블레셋은 법궤로 인해 역병이 돌고 소동이 일어나면서 끔찍한 재앙을 겪고, 결국 이스라엘에게서 빼앗았던 법궤를 포기한다. 하나님의 능력으로 블레셋을 이긴 것이다.

하나님께 속한 백성의 능력은 분명 하나님의 임재 안에 있다는 것을 보았고, 알고 있었다. 그러나 이미 패배와 약탈을 경험한 이스라엘의 마음은 열리지 않았다. 여전히 하나님을 거부한 채 우상을 섬겼다. 그리하여 법궤가 돌아왔음에도 이스라엘의 중심이 아닌, 변방에 오랫동안 방치됐다.

> 궤가 기럇여아림에 들어간 날부터 이십 년 동안 오래 있은지라 이스라엘 온 족속이 여호와를 사모하니라 사무엘상 7:2

법궤가 이스라엘과 블레셋의 경계에 머무른 지 20년이 되었다. '10년이면 강산도 변한다.'는 말처럼 그사이 많은 것이 달라졌다. 그중에서도 제일 달라진 것은 하나님께 닫혀 있던 이스라엘 백성의 마음이 열리기 시작한 것이다. 어떻게 된 것일까?

시간이 흐르면서 전쟁의 상처가 잊혀졌다. 또한 그동안 사무엘은 다음 세대가 꾸준히 예배할 수 있도록 양육을 했다. 말씀으로 양육된 다음 세대가 사회를 주도하며 분위기가 바뀐 것이다. 온 이스라엘이 하나님을 사모하기 시작했다.

이때, 사무엘은 이스라엘 백성에게 집에 있던 우상을 버리고, 함께 모여 금식하며 기도하자는 명령을 내린다. 며칠 뒤, 모든 이스라엘 백성이 미스바로 모여 하나님께 금식하며 기도하기 시작했다. 금식하며 기도한다는 게 말만 쉽지, 어려운 일이다. 시간이 갈수록 더 힘들다. 이 같은 사실을 사무엘도 알고 있었다. 그럼에도 불구하고 그는 왜 함께 금식하며 기도하자고 했을까?

> 그들이 미스바에 모여 … 그 날 종일 금식하고 거기에서 이르되 우리가 여호와께 범죄하였나이다 사무엘상 7:6 。

나의 연약함을 가장 진실하게 고백할 수 있는 것이 금식기도이기 때문이다. 이것이 세상이나 다른 종교에서 하는 금식과 다른 점이다. 다른 종교에서도 금식기도를 한다. 세상에서는 종종 단식투쟁을 한다. 그들의 금식은 얼마나 고생하며 힘들게 견디고 참았는지를 자랑한다. 그러나 하나님께 드리는 금식기도는 자랑의 외침이 아니다. 하나님은 이사야 선지자를 통해 말씀하셨다.

> 너희가 오늘 금식하는 것은 너희의 목소리를 상달하게 하려는 것이 아니니라 이것이 어찌 내가 기뻐하는 금식이 되겠으며 이것이 어찌 사람이 자기의 마음을 괴롭게 하는 날이 되겠느냐 이사야 58:4-5 。

하나님이 바라시는 금식기도는 힘들고 괴로워하며 드리는 고행이 아니다. 내가 얼마나 부족하고 연약한지 고백하는 겸손함이다. 하나님은 이런 마음과 자세로 기도하기를 원하신다.

중대한 일이나 절박한 일이 닥쳤을 때, 금식기도를 해야 할지 고민하지만 선뜻 행동하진 못한다. 그러나 금식기도에 대한 마음의 감동이 있을 땐, 고민하거나 주저하지 말고 하나님의 부르심이라 믿고 행해야 한다. 다만 내 주장과 뜻을 밀어붙이기 위한 것이 아니라 사무엘과 이스라엘 백성 같이 자신을 겸손히 낮추는 금식이어야 한다.

능력을 기대하라

이스라엘 백성은 사무엘의 인도를 따라 금식기도를 했다. 다른 우상을 섬겼던 그동안의 잘못을 고백하고 회개했다. 그리고 하나님께 자신들의 연약한 모습을 고백했다. 그런데 다음 날, 예상치 못한 비보(悲報)가 날아들었다. 블레셋이 군사를 이끌고 미스바로 오고 있다는 것이다. 블레셋은 이스라엘 사람들이 모이는 것을 보고 전쟁을 준비하는 것으로 오해했다. 전쟁하기 위해 군사를 모았다고 생각한 그들은 이스라엘이 공격하기 전 선제공격을 하려 했다.

백성은 블레셋이 오고 있다는 소식에 큰 충격을 받았고, 두려움에 떨었다. 설상가상으로 그들은 기도하러 모였기 때문에 무기조차 준비하지 못했다. 더구나 온종일 음식을 먹지 않아 당장 나가서 싸울 힘도 없는 상태였다. 블레셋은 예상했던 것보다 더 이른 시간에 도착했다. 20년 전 그들과 전쟁했을 때보다 여건이 더 좋지 않은 상황에서 싸워야 했다. 승패는 시작하기도 전에 정해진 것처럼 보였다.

> 그 날에 여호와께서 블레셋 사람에게 큰 우레를 발하여 그들을 어지럽게 하시니 그들이 이스라엘 앞에 패한지라 이스라엘 사람들이 … 블레셋 사람들을 추격하여 … 쳤더라 사무엘상 7:10-11

블레셋과 이스라엘 간의 전쟁이 시작됐다. 이스라엘은 급하게 만든 죽창과 철기와 청동기로, 그것조차 없는 사람은 맨몸으로, 철저히 무장한 블레셋에 맞서 싸웠다. 한편 그 시각, 사무엘은 계속해서 금식하며 이스라엘을 위해 기도했다. 그런데 그때 놀라운 일이 일어났다. 하나님께서 큰 천둥소리를 일으켜 블레셋 사람들을 불안하고 두렵게 만드신 것이다. 이스라엘은 그 틈을 타서 승기를 잡고, 블레셋을 밀어내기 시작했다. 결국 블레셋은 도망쳐야 했고, 이스라엘은 상상하지 못한 승리를 거뒀다.

이스라엘은 열악한 환경과 준비되지 않은 상태에서 전쟁을 치러야만 했다. 누가 봐도 질 수밖에 없는 상황이었다. 그럼에도 불구하고 그들이 이길 수 있었던 이유는 무엇일까? 바로 하나님의 도우심 때문이다. 하늘의 힘을 받았기 때문이다.

금식기도는 사람의 힘을 빼고, 하나님을 의지하게 한다. 이스라엘은 이 기도를 통해 하나님을 의지했고, 하나님께서는 사람의 힘이 빠진 곳에 하늘의 힘을 불어넣으심으로 이기게 되었다. 그러므로 우리가 금식기도를 할 때 반드시 구해야 할 것이 있다. 내 힘이 아닌 하늘의 힘으로 살게 해달라는 기도이다. 이렇게 기도할 때, 하나님의 힘을 기대할 수 있다.

나의 힘을 빼라

여호사밧 왕의 시대에 남유다는 팔레스타인 지역에 있는 약소국 중 하나였다. 그러던 어느 날, 강대했던 모압과 암몬이 남유다를 삼키기 위해 침공했다. 여호사밧 왕은 우선 전쟁에 나갈 수 있는 군사를 모으고 훈련시켜야 했다.

그런데 그는 달랐다. 백성들에게 뜻밖의 명령을 내린다. 온 백성이 금식하며 기도하도록 명령한 것이다. 이에 유다 모든 성읍에 모여 하나님께 간구하며 기도했다. 무엇을 위해, 어떻게 기도했을까?

> 우리 하나님이여 … 우리를 치러 오는 이 큰 무리를 우리가 대적할
> 능력이 없고 어떻게 할 줄도 알지 못하옵고 오직 주만 바라보나이다
> 역대하 20:12°

"주여, 저희는 능력도 없고 주님만 바라봅니다. 하늘의 힘을 내려 주소서."

그들은 자신들의 처지와 형편을 솔직하게 아뢰고, 오직 하나님의 도우심과 능력을 구하는 기도를 드렸다. 그리고 그들과 맞서 싸웠다.

> 여호와께서 복병을 두어 유다를 치러 온 암몬 자손과 모압과 세일 산
> 주민들을 치게 하시므로 그들이 패하였으니 역대하 20:22°

이 전쟁의 승자는 과연 누구였을까? 바로 남유다이다. 남유다는 생각지 못한 대승을 거둔다. 열세한 전력이었지만, 금식하며 하나님의 힘을 구하였더니 하나님이 도우셨다.

어린아이가 자기 힘을 의지하고 세상에 덤비면, 질 수밖에 없다. 그러나 아빠의 손을 붙잡고 나아가면, 아빠의 힘으로 세상을 이겨낼 수 있다. 우리는 때로 세상이 너무 커 보이고 이길 힘이 없어 절망할 때가 있다. 그러나 하나님은 능력의 하나님이며, 우리의 아버지 되신다. 우리가 하나님 아버지의 힘을 구하고 붙잡으며 기도할 때, 아버지의 능력으로 무슨 일을 만나든지 넉넉히 승리할 것이다.

지금 나를 둘러싸고 있는 문제가 너무 두렵고 막막하다면, 내 힘으로는 도저히 아무것도 할 수 없을 것 같다면, 그 누구의 도움도 받을 수 없

을 것 같다면, 그때는 나의 모든 생각과 판단을 내려놓아야 한다. 금식하며 이렇게 기도해야 한다.

"주여! 제 교만, 제힘은 빼시고, 비고 빈 인생에 하늘의 힘을 채워 주소서."

동행(同行), 동행(同幸)

함께 믿으라

함께 한다는 것은 우리가 살아가는 데 있어 중요한 가치이다. 미국 플로리다 주립대학교Florida State University 심리학과 교수이자 자살 연구의 세계적인 권위자 토마스 조이너Thomas Joiner에 의하면, 다른 사람에게 짐이 된다는 생각과 치명적인 자해습득 능력을 가진 사람에게 소속감은 충분한 희망이 된다고 한다. 나와 함께 하는 사람이 있다는 소속감을 갖추면, 순간적으로 떠오르는 자살 충동을 이겨낼 수 있다는 것이다.

    우리가 예수님을 믿을 때도 함께 한다는 것은 중요하다. 성경은 우리에게 "하나님을 믿되 함께 믿으라"라고 말한다. 예수님도 제자들을 함께 하는 공동체로 양육하셨다. 마찬가지로 기도할 때도 함께 하는 기도가 중요하다고 한다. 이를 가리켜 합심기도라고 하는데, 성경 곳곳에 합심기도로 승리를 거둔 이야기가 있다. 무조건 함께 모여서 기도한다고 기도가 이루어지는 것은 아니다. 하나님께서 기뻐하시는 합심기도를 드릴 때, 이루어주신다. 그렇다면 하나님이 기뻐하시는 합심기도는 어떤 기도일까?

약속을 기억하다

유월절이던 금요일 오후, 예수님은 십자가 위에서 운명하셨다. 정신적 지주를 잃은 제자들은 예수님의 잔당을 찾으러 다니는 유대 지도자들을 피해 숨었다. 그리고 3일 뒤인 주일 새벽, 예수님은 하나님의 능력으로 다시 살아나셨다. 그러나 제자들은 부활하신 예수님 앞에 쉽게 다가갈 수 없었다. 예수님이 붙잡히실 때, 자기 목숨을 위해 도망갔기에 예수님을 볼 면목이 없었다. 하지만 예수님은 그들에게 먼저 다가가시고 위로하신다. 그러자 제자들의 마음에 새로운 꿈이 생겼다. 부활하신 예수님이라면 그들이 원하던 이스라엘 왕국을 세울 수 있다는 세상적인 꿈이다.

부활하신 지 40일째 되던 날, 예수님은 제자 500명과 함께 예루살렘 부근에 있는 산에 오르신 후 그들에게 작별 인사를 하셨다. 아직 이스라엘 왕국이 세워지지도 않았는데 떠나신다는 말에 제자들은 애가 탔다. 그들은 예수님께 언제 이스라엘 왕국을 세우실지 물었다. 예수님은 그 물음에 대답 대신, 다른 말씀을 하신다.

> 예루살렘을 떠나지 말고 … 아버지께서 약속하신 것을 기다리라 … 오직 성령이 너희에게 임하시면 너희가 권능을 받고 예루살렘과 온 유대와 사마리아와 땅 끝까지 이르러 내 증인이 되리라 사도행전 1:4, 8°

그리고는 홀연히 하늘로 올라가셨다. 예수님이 떠나신 후, 500명의 제자들은 이제 무엇을 할지를 두고 격론을 벌였다. 예수님이 말씀하신 대로 예루살렘을 떠나지 말자는 의견과 예루살렘은 위험하니 다른 곳으로 가자는 의견이 첨예하게 대립했다. 결국 제자들은 두 패로 갈라지고 예루살렘을 떠나겠다는 무리가 산을 내려가자, 120명만 남게 된다.

남은 제자들은 복잡한 심정으로 예루살렘에 돌아왔다. 예수님의 말씀을 믿으면서도 한편으로는 여전히 유대인들이 두려웠다. 예수님이 없는 세상에서 앞으로 어떻게 살아야 할지 막막하고 불안했다. 떠나간 제자들이 이해되면서도 서운한 마음이 들었다. 그들은 이러한 마음을 안고 마가라는 사람의 다락방에 모였다. 이 모임을 어떻게 시작해야 할까? 대책회의를 하는 것도 좋고, 비상식량을 구하는 것도 좋은 방법이다. 그런데 그들은 그보다 더 좋은 길을 선택한다.

더불어 마음을 같이하여 오로지 기도에 힘쓰더라 사도행전 1:14°

마음을 모으고 먼저 기도에 힘썼다. 다시 말해, 그들이 모든 것을 제쳐놓고 마음을 같이하여 기도한 것이다. 그렇다면 120명의 사람들은 무엇을 위해 기도했을까? 너무나 두려우니 살려달라고 기도했을까? 아니면 유대인들을 다 죽여달라고 기도했을까? 아니다.

아버지께서 약속하신 것을 기다리라 사도행전 1:4°

내 목숨을 구걸하는 것도, 복수를 위한 것도 아니었다. 하나님의 약속을 믿고 기다리게 해달라는 기도였다. 하나님이 보시기에 이들의 기도가 얼마나 아름다웠을까? 결국 이들은 하나님 앞에 가장 위대한 교회가 되었다.

하나님이 기뻐하시는 기도는 내가 살기 위한 것이 아니다. 하나님의 약속을 믿고 기억하려는 것이다. 그렇기에 우리는 무슨 일이든 잘되기 위한, 누군가를 이기기 위한 기도에서 벗어나야 한다. 우리에게 주신 구원과 은혜의 약속을 기억하고 따르게 해달라고 기도해야 한다. 모두가 이 마음을 지키며 함께 기도할 때, 하나님께서 선한 길로 인도하신다.

서로 격려하다

120명의 제자는 하나님께서 약속하신 것이 무엇인지 분명하게 알았다. 그것은 바로 성령이었다. 그들은 약속하신 성령을 구하는 기도를 하기 시작했다. 모두가 한마음으로 간절하게 기도하지만, 하루가 지나고 이틀이 지나도 응답이 없었다. 하나님은 묵묵부답인 것 같았다. 그러나 하나님은 그들을 지켜보고 계셨다. 그리고 그들을 위해 신실하게 일하고 계셨다. 다만 그들이 알지 못했을 뿐이다.

그때, 기도하던 베드로가 일어나 모인 사람 중에서 한 사람을 뽑아, 가룟 유다의 자리를 채우자고 제안했다. 기다리던 응답이 아니었다. 그러나 이것 역시 성령을 주시기 전에 교회를 온전하게 세우시기 위한 과정이었다. 그리고 추천과 제비뽑기를 통해 맛디아가 세워진다.

이들은 계속해서 약속하신 성령을 구하며 응답을 기다렸다. 그리고 그때는, 유대의 3대 절기 중 하나인 맥추절, 즉 오순절로 지키는 날이었다. 이 절기를 지키기 위해 각기 흩어져 있던 많은 유대인이 몰려왔다. 마가의 다락방에서 숨어 기도하던 120명의 마음이 어땠을까? 무서워서 도망가고 싶지 않았을까?

> 오순절 날이 … 이르매 그들이 다같이 한 곳에 모였더니
> 사도행전 2:1 °

단 한 명의 이탈자도 없이 함께 모여 기도했다. 그리고 그때, 놀라운 일이 일어났다.

> 그들이 다 성령의 충만함을 받고   사도행전 2:4 °

갑자기 강한 바람 소리가 나더니 각 사람 위에 역동적인 불이 임했다. 그들은 말하지 않아도 그것이 무엇인지 알았다. 약속하신 성령이 임한 것이다. 그동안 열심히 기도하고 아무리 기다려도 응답되지 않았다. 그래서 불안했고 밖에서 들리는 유대인들의 흥겨운 소리에 견디기 어려웠다. 그런데도 그들은 어떻게 끝까지 기도할 수 있었을까?

> 서로 돌아보아 사랑과 선행을 격려하며   히브리서 10:24 °

성경에 구체적인 그림이 나오지는 않지만 초대교회에 대한 문헌을 미루어보건대, 그들도 초대교회가 그랬던 것처럼 서로를 격려했을 것이다. 그렇게 서로 주고받은 격려에 힘입어 끝까지 기도했고 때가 되었을 때, 하나님께서 성령으로 응답하셨다.

함께 모여 기도할 때, 꼭 필요한 것은 서로를 위한 격려이다. 낙심하

지 않도록, 끝까지 믿고 기도할 수 있도록 서로를 격려해야 문득 찾아오는 부정적인 마음과 불신을 이길 수 있다.

우리의 가정, 직장, 교회는 하나님이 세우신 거룩한 성전이다. 그런데 우리는 무엇에 기초하여 그곳을 세우고 있는가? 초대교회의 기초는 함께하는 기도였다. 하나님은 우리가 있는 모든 곳이 함께 마음을 모으고 기도하는 성전이 되기를 원하신다. 그곳에 합심기도의 기초를 세워야 한다. 그곳에서 기도할 때, 하나님의 응답과 역사가 날마다 일어날 것을 믿는다.

예수님처럼

분별하는 응답

춘추전국시대 때, 조나라와 진나라가 장평이라는 곳에서 맞붙었다. 진나라는 몇 번의 전투에서 승리했으나, 승패를 결정지을 만큼의 확실한 승리는 거두지 못했다. 그 이유는 조나라의 총사령관인 염파가 방어 전략을 잘 짰기 때문이다. 그리고 2년 뒤, 염파의 효과적인 방어로 전세는 역전된다. 그러자 위기를 느낀 진나라는 고민 끝에 한 가지 계책을 낸다. 그것은 염파를 끌어내리는 소문을 퍼뜨리는 것이다.

"진나라는 염파를 물리칠 수 있다. 대신 다른 장수들은 무서워한다."

소문은 삽시간에 퍼졌고 조나라 왕은 깊은 고민에 빠졌다. 신하 사이에서도 총사령관을 바꿔야 하는지, 그대로 두어야 하는지에 대한 격론이 벌어진다. 그리고 긴 회의 끝에, 조나라 왕은 결론을 내렸다.

"공격도 못하는 염파는 자격이 없다."

그리고 새로운 총사령관이 임명된다. 왕의 선택을 받은 새 장군이 군사들을 이끌고 공격했다. 그러나 이 모든 것이 진나라의 함정인 것을 알았을 때는 이미 늦었다. 그리하여 조나라는 40만 명의 군사 중 240명만 살아남는 참패를 당한다. 결국, 조나라는 몰락하고 그 후 30년 뒤에 멸망하게 된다.

우리도 인생의 크고 작은 고비를 만날 때, 수많은 내면의 소리를 듣게 된다. 그리고 그 소리는 우리를 선택하게 하며, 그 선택에 따라 좋은 인생이 되기도 하고 나쁜 인생이 되기도 한다. 그렇기에 우리는 수많은 내면의 소리를 잘 분별하고 선택해야 멋진 인생을 살 수 있다.

이것은 기도할 때도 마찬가지다. 기도할 때마다 '이것이 하나님의 응답이다.', '저것이 하나님의 응답이다.'라는 소리가 우리의 내면과 주변에서 들려온다. 그때 잘 분별하고 선택해야 멋진 그리스도인이 될 수 있다. 그렇다면 하나님의 응답은 무엇을 가지고 분별해야 할까? 하나님의 응답을 분별하신 예수님을 살펴보면 그 해답을 찾을 수 있다.

먼저 뜻을 구하라

예수님은 30년간 보통 사람으로 지내셨다. 때로 범상치 않은 모습을 보이시기도 했지만, 30세까진 보통 사람으로 지내셨다. 목수로 일하며 일찍 죽은 아버지를 대신해 가장 노릇을 했고 어머니에게는 든든한 아들, 동생들에게는 좋은 형, 오라버니로 살아왔다.

그러던 어느 날, 30세의 청년 예수님께 하나님의 감동이 임한다. 그때부터 하나님의 아들로서의 본격적인 사역을 시작하신다. 그러나 마리아를 제외한 다른 가족들은 예수님을 모두 만류했다. 그러나 예수님은 그것을 뿌리치고 요단강에서 사역하던 세례 요한에게 가셨다. 죄가 없으셨던 예수님은 요단강에서 세례를 받으시고는 묵묵히 기도하셨다.

"하나님, 이 물과 함께 지금까지의 삶을 뒤로 하고자 합니다. 이제 하나님께서 주신 사명을 감당하겠습니다. 저를 도와주십시오."

그때, 놀라운 일이 일어난다.

> 하늘이 열리고 하나님의 성령이 비둘기 같이 내려 자기 위에 임하심을 보시더니 하늘로부터 소리가 있어 말씀하시되 이는 내 사랑하는 아들이요 내 기뻐하는 자라 하시니라 마태복음 3:16-17°

이때부터 예수님은 온전히 성령에 의해 움직이는 삶을 사셨다. 성령의 충만함을 입으면 인생이 잘 풀려야 하는 것 아니겠는가? 그런데 성령에 이끌려 가게 된 곳은 다름 아닌 광야였다. 광야는 낮에는 뜨겁고 밤에는 추우며 먹을 것이 없다. 그런 곳에서 예수님은 성령에 감동되어 40일간의 금식기도를 시작하셨다.

"하나님! 주님의 일을 감당하도록 제 안에 있는 세상 것을 버리게 하소서."

예수님은 굳은 마음으로 기도를 시작했다. 그러나 아무리 의지가 강해도 금식은 누구에게나 견디기 힘들다. 처음에는 좀 버티겠지만, 며칠이 지나면 온 몸에 힘이 빠진다. 시간이 지날수록 생각은 몽롱해진다. 이때부터는 정신력으로 버텨야 한다. 예수님도 그렇게 버티며 기도하셨다. 그러던 어느 날, 예수님께 어떤 소리가 들려왔다.

> 네가 만일 하나님의 아들이어든 명하여 이 돌들로 떡덩이가 되게 하라 마태복음 4:3°

"너 하나님의 아들이잖아? 여기 있는 돌들을 빵으로 충분히 만들 수 있잖아. 그동안 열심히 기도했는데, 딱 한번은 어겨도 괜찮아. 하나님이 괜찮다고 하셨어."

듣던 중 반가운 소리였다. 보통 사람이라면 하나님의 응답인 줄 믿고, 또 그렇게 믿고 싶어서 먹어버렸을지도 모른다. 그런데 여기서 예수님은 바로 빵을 드시지 않았다. 대신 한번 더 생각하셨다.

"이것이 과연 주님의 음성일까? 아니면 주님을 가장한 마귀의 음성일까?"

예수님은 듣고 싶은 소리지만, 그게 누구의 뜻인지 다시 검증하셨다. 우리는 이점에 주목해야 한다. 우리도 듣고 싶은 소리가 있을 때, 하나님의 입장에서 다시 물어봐야 한다.

"이것이 과연 하나님의 뜻입니까? 제가 이 길을 가도 되겠습니까?"

예수님은 이러한 물음을 통해, 수많은 선택의 갈림길에서도 늘 바른 길을 걸으셨다.

선택의 순간에 우리는 하던 일을 멈추고, 생각을 멈추고, 걸음을 멈추어야 한다. 그리고 하나님께 먼저 물어봐야 한다.

"하나님, 무엇이 하나님의 뜻입니까?"

말씀으로 분별하라

예수님은 하나님께 다시 물으신 후 뜻밖의 결론을 내리셨다.

"이것은 사탄의 유혹이다."

예수께서 대답하여 이르시되 기록되었으되 사람이 떡으로만 살 것이

아니요 하나님의 입으로부터 나오는 모든 말씀으로 살 것이라 하였
느니라 마태복음 4:4 °

"하나님의 말씀에 이르기를 사람이 빵으로만 살 것이 아니라, 하나님
께서 주신 말씀으로 살라고 하셨다. 사탄아! 물러가라!"

예수님은 하나님의 말씀에 의해 이 음성이 누구의 음성인지 분별하
셨다. 그리고 이것은 실제로 사탄이 속삭인 첫 번째 유혹이었다. 이렇듯
우리는 하나님의 음성을 분별할 때 하나님의 말씀에 기초해야 한다. 하
나님과 동행한다고 생각할수록 더 철저히 말씀에 기초를 두어야 한다.

왜 하나님의 말씀이 중요한가? 하나님은 말씀으로 세상을 창조하셨
고 지금도 그 말씀으로 세상을 다스리시기 때문이다. 성경 속, 믿음의
사람들도 하나님의 말씀에 의해 응답을 분별했고 하나님의 말씀에 기
초하여 기도했다.

이스라엘 백성은 출애굽 이후 금송아지를 만들어 섬겼다. 그리고 하
나님은 그 모습을 지켜보고 계셨다. 그 후 얼마나 분노하셨는지, 그들을
모두 죽이기로 결심하신다. 그때, 하나님의 뜻을 전해들은 모세가 이렇
게 기도했다.

주의 종 아브라함과 이삭과 이스라엘을 기억하소서 주께서 … 맹세
하여 이르시기를 내가 너희의 자손을 하늘의 별처럼 많게 하고 내가
허락한 이 온 땅을 너희의 자손에게 주어 … 하셨나이다
출애굽기 32:13 °

모세가 말씀에 기초하여 기도하자, 하나님께서 그 기도를 들으시고 뜻을 돌이키셨다.

지금 우리는 무엇에 의해 기도하고 있는가? 말씀에 의해서 기도하는지, 아니면 내가 바라는 소원에 의해서 기도하는지 돌아봐야 한다. 만약 하나님의 말씀대로 사는 것이 복된 길임을 믿는다면 기도도 말씀과 함께 맞추어 가야 한다. 매일의 말씀을 통해 기도하고 분별하여, 하나님의 길을 걷는 주의 자녀가 되어야 할 것이다.

하나님을 높이라
첫 번째 유혹을 이기신 예수님은 사탄에게 다시 이끌려, 성전 꼭대기에 가신다. 그리고 또다시 사탄의 속삭임을 들으신다.

> 네가 만일 하나님의 아들이어든 뛰어내리라 기록되었으되 그가 너를 위하여 그의 사자들을 명하시리니 그들이 손으로 너를 받들어 발이 돌에 부딪치지 않게 하리로다 하였느니라 마태복음 4:6 °

"하나님께서 자녀들의 발을 붙드신다고 말씀하셨어. 하나님의 말씀이잖아? 너 하나님의 아들이잖아? 믿고 여기서 뛰어내려봐. 그러면 천사들이 네 발을 붙들고, 너는 바로 인기스타가 될 거야."

사탄은 예수님께 인기를 약속했고 하나님의 말씀도 인용했다. 언뜻 보기에는 하나님의 응답인 것 같았다. 그러나 예수님은 이 또한 하나님의 응답이 아님을 확신했다. 사탄도 분명 말씀에 기초해서 말했는데 예수님은 왜 이처럼 판단하셨을까?

> 예수께서 이르시되 또 기록되었으되 주 너의 하나님을 시험하지 말
> 라 하였느니라 마태복음 4:7°

예수님은 무엇이 하나님을 높이는 길인가를 기준으로 음성을 분별하셨다. 그리고 이 음성은 사탄이 속삭인 두 번째 유혹이었다.

이렇게 두 번째 유혹을 이기신 예수님은 곧바로 높은 산으로 이끌려 갔다. 그곳에서 마귀는 모습을 드러내고 예수님께 한 번 더 속삭였다.

"세상을 봐. 여기 있는 사람들은 다 내 말을 들어서 잘 살고 있어. 그러니 내게 절하면 내가 너를 하나님처럼 위대하게 만들어 줄게."

얼마나 매력적인 제안인가? 그러나 예수님은 단번에 거절하셨다.

> 사탄아 물러가라 … 주 … 하나님께 경배하고 … 그를 섬기라
> 마태복음 4:10°

우리가 기도하면서 하나님의 음성을 분별하기 어려울 땐, 이것을 기억하면 된다.

"하나님을 높이는 길은 무엇인가?"

우리는 기도할 때 보통 '내가 잘 되는 길을 열어 달라'고 기도한다. 그런데 예수님은 기도문을 가르쳐주시면서 이렇게 끝낼 것을 말씀하셨다.

"나라와 권세와 영광이 아버지께 영원히 있사옵나이다. 아멘."

이것은 기도를 마친 후 응답이 무엇인지 분별해야 할 때, 하나님의 나라를 구하고 하나님께 영광 돌리는 길을 선택하라는 뜻이다. 이러한 기준이 신앙과 인생의 성패를 결정한다.

다윗과 사울을 보라. 사울은 많은 사람의 기대 속에서 왕이 되었다. 그러나 그는 자기를 위해 예배하고 기도했다가 실패한 인생이 된다. 반면, 다윗은 누구도 주목하지 않는 곳에서 기름부음을 받았지만 하나님을 높이는 길을 구했더니, 하나님이 도우시는 인생이 됐다.

우리가 그동안 내면의 수많은 음성 가운데 어떤 길을 선택했는지 돌아봐야 한다. 하나님이 나를 도우셨다고 말하면서도 내가 잘 되는 길을 선택하지는 않았는가? 먼저 그의 나라와 그의 의를 구하며 하나님의 이름을 높일 때, 하나님으로 인해 내 삶이 풍성해지는 은혜가 있음을 믿어야 한다.

성령이 충만하다고 다 행복한 것은 아니다. 때로는 힘든 길을 가야하고, 이것이 하나님의 응답인지 고민하며 선택해야 한다. 예수님도 성령 충만함을 받은 후에 40일간 금식하며 힘든 시간을 보냈다. 하지만 그때, 예수님은 분명한 기준으로 하나님의 응답을 분별했다. 하나님께 먼저 구하고 말씀에 기초하여 분별하며, 하나님을 높이는 길을 선택했다. 그래서 모든 유혹을 넉넉히 이겨냈다. 그러므로 예수님을 따르는 우리 또한 그분과 동일한 삶을 살아야 한다. 예수님의 기준으로 하나님의 뜻을 분별하는 기도자가 되어야 한다.

삶으로 나타내는 기도

행함

미국 FBI^Federal Bureau of Investigation에서 재미있는 입단 테스트를 한 적이 있다. 그림 한 장을 제시한 후 그림에 나타난 정보들만 가지고 정답을 추리하는 것이다. 입단 테스트 응시자들은 정답을 맞히기 위해 그림에 있는 단서들을 꼼꼼하게 살폈다. 그리고 각각 다른 이유로 정답을 말했다. 그런데 사실 이 문제에 답은 처음부터 없었다. 그렇다면 문제를 왜 냈을까? 문제를 낸 의도는 주어진 그림 속 상황을 얼마나 유심히 관찰하고 그 단서를 가지고 어떻게 유추하고 판단하는지 주목하기 위해서였다. 수사요원이 되려면 몸짓만 보고도 상대의 뜻을 잘 알아야 하기 때문이다.

일상생활에서도 많은 말을 주고받지 않아도 상대의 의중을 알아차릴 수 있다. 몸짓과 눈빛만으로도 서로의 마음을 전할 수 있다. 언어가 통하지 않더라도 세계 어디서나 의사소통이 가능하다. 만국 공통어라고 부르는 바디랭귀지가 있기 때문이다.

대개 입을 열고 말하는 것을 기도라고 생각한다. 그러나 성경 속 나아만이라는 사람은 다른 차원의 기도를 드린다. 그는 어떻게 기도해야 하는지 모르는 사람이었다. 그러나 말씀 앞에 순종함으로 반응했다. 그것이 그의 기도였다. 그는 입술의 고백은 아니었지만, 삶으로 기도한 것이다. 즉, 기도는 말씀에 순종함으로 혹은 삶으로 드릴 수 있다. 기도할 줄 모른다고 하더라도 말씀을 행함으로써 삶의 기도를 올려 드릴 수 있다.

순종함이 기도다

나아만은 아람이라는 나라의 군사령관이다. 이 당시 아람은 북이스라엘과는 비교되지 않는 강대국이었다. 강대국의 군사령관인 나아만은 실력과 위세가 정말로 대단했다. 그런데 이 나아만에게 문제가 생긴다. 당시에 불치병이자, 신의 저주라 불리는 나병에 걸린 것이다. 나아만은 병이 낫기를 간절히 바라는 마음으로 할 수 있는 노력을 다해보지만, 그 기대와 소망은 번번이 좌절된다.

　나아만의 집에서 일하던 어린 여종이 이를 안타깝게 여겨 북이스라엘의 선지자 엘리사를 소개한다. 이 여종은 아람이 북이스라엘을 침략했을 때 잡아온 포로 중 하나다. 나아만은 이 여종의 말을 업신여길 수도 있었지만, 종의 말을 귀담아듣는다. 그는 왕의 친서와 함께 말과 병거를 거느리고 이스라엘 선지자 엘리사를 찾아간다.

　엘리사의 집 앞에 이르러 나아만의 신하가 엘리사를 불렀다. 그런데 엘리사는 문밖으로 나와 영접은커녕 사람을 대신 내보낸다. 그리고 요단강에 일곱 번 씻고 돌아가라는 이야기만 전한다. 나아만은 엘리사의 홀대에 자존심이 상했다. 화가 나서 뒤도 돌아보지 않고 그대로 발길을 돌린다. 바로 그때, 나아만을 수행하던 부하들이 그를 말렸다. 사이가 좋지 않은 적국에 발걸음을 하는 것은 쉽지 않은 일이다. 그렇기에 이왕 여기까지 왔으니 요단강에 들어갈 볼 것을 권유한 것이다. 나아만은 부하들의 말에 못 이기는 척, 요단 강에 몸을 담근다. 반신반의하는 마음으로 담근 지 여섯 번째다. 여전히 어떠한 변화도 없다. 그리고 다시 일곱 번째 몸을 담근다.

> 나아만이 … 하나님의 사람의 말대로 요단 강에 일곱 번 몸을 잠그니 … 어린 아이의 살 같이 … 깨끗하게 되었더라 열왕기하 5:14 °

엘리사의 말대로 일곱 번 요단강에 들어갔다가 나오니 그 피부가 어린아이의 살과 같이 깨끗하게 나왔다. 누구도 고치지 못했던 나아만의 피부가 깨끗하게 나은 것이다. 나아만은 하나님이 누구신지도 모르고, 기도할 줄도 몰랐다. 기도할 줄은 몰랐지만 오직 말씀에 순종했다. 행함으로 하나님 앞에 기도를 드린 것이다. 그때, 하나님께서 그의 기도에 응답하셨고 마침내 기적이 일어났다.

  우리의 삶도 마찬가지다. 나병과 같은, 좀처럼 고칠 수 없는 깊은 문제가 있다. 생각만 해도 낙망하게 되는 아픔이 있다. 그러나 하나님 앞에 모든 문제는 문제가 되지 않는다. 하나님께 맡기고 그분을 바라볼 때, 그 문제는 하나님을 나타내는 능력이 된다.

믿음으로 반응하다

1917년 1차 세계대전 당시 롬멜Erwin Johannes Eugen Rommel은 독일의 산악부대 중대장이었다. 그는 알프스 산악지대에서 이탈리아군의 진영을 공격하다 적진에 고립되었다. 깊은 고민에 빠진 롬멜은 흩어진 독일군을 모아 한 개의 대대로 편성한다. 그리고 결단을 내린 롬멜은 누구도 상상할 수 없는 작전을 지시한다.

이 당시 이탈리아의 진지(陣地)는 600m 중턱과 1,000m 정상에 있었다. 롬멜은 병사들에게 두 진영 사이, 800m 쪽을 통과하도록 명령했다. 자칫 잘못하면 양쪽에서 공격당할 수 있는 상황이었다. 이 명령을 받은 독일 병사들은 의아했지만 그를 믿었기에 지시에 따랐다. 역시나 이탈리아 군은 독일 병사들을 보고 정신없이 공격했다. 그런데 그때, "이겼다."라는 함성이 들렸다. 롬멜의 군병들이 외치는 소리었다. 어떻게 된 걸까?

롬멜은 특별히 뽑은 소수의 돌격대가 계속해서 함성을 지르며 600m 진지로 진격하게 했던 것이다. 그러자 이탈리아 병사들은 1,000m 진영이 함락된 줄 알고 전원 항복했다. 롬멜은 이때를 틈타, 쉬지 않고 돌격해 양옆에 있던 두 개의 산까지 모두 점령했다. 그 결과 롬멜의 부대는 1천 명도 안 되는 병력으로, 9천 명을 생포하는 엄청난 성과를 거두었다.

이 전쟁으로 많은 사람이 롬멜을 주목했다. 롬멜의 창의적인 발상과 이탈리아와 지형에 대한 철저한 분석이 있었기 때문이다. 그러나 군사들이 그의 작전 지시를 따르지 않았다면, 아무리 적진에 대한 탁월한 분석과 이해가 있다고 하더라도 결코 이길 수 없었다. 위험한 작전에도 군말 없이 따르는 군사들이 있었기에 이 같은 작전을 수행하여 승리할 수 있었다.

하나님은 우리의 인생에 최고의 작전을 가지고 계신다. 하나님의 작전에는 실패가 없다. 그러나 때로는 그 작전과 계획이 무리수처럼 보이고 이해하기 어려운 지시로 느껴진다. 그럼에도 하나님은 우리가 순종하기 원하신다. 믿음으로 순종할 때, 불가능이 가능으로 일어나는 역사가 일어난다.

영광을 올려 드리다

하나님의 말씀대로 요단 강에 일곱 번 들어간 나아만은 고침을 받게 됐다. 나아만은 곧바로 엘리사에게 가서 감사의 인사로 아람에서 싣고 온 선물을 건넸다. 엘리사에게 감사의 인사를 마쳤으니 이제 아람으로 돌아가기만 하면 됐다. 그런데 나아만은 출발하기를 멈추고 엘리사에게 간다. 그리고 그에게 이스라엘의 흙을 달라는 뜻밖의 요청을 한다. 나아만은 아람으로 돌아가 이 흙으로 하나님을 섬길 제단을 만들어 예배하려고 했다. 그는 순간의 감사로 끝나는 것이 아니라, 계속해서 하나님의 은혜를 기억하겠다는 결단을 드러낸 것이다.

그리고 이어서 엘리사에게 두 번째 부탁을 한다. 나아만은 하나님을 섬기기로 결심했다. 그러나 아람으로 돌아갔을 때, 군대 장관으로서 신당에 들어가야 했다. 왕이 림몬 신에게 절할 때 자신도 어쩔 수 없이 허리를 굽히게 되는 것을 용서해 달라는 부탁이었다. 그의 부탁을 들은 엘리사는 나아만의 간청을 허락하고 가는 발걸음을 격려한다.

> 엘리사가 이르되 너는 평안히 가라 열왕기하 5:19°

엘리사는 우상에게 고개 숙이는 것을 허락한 것이 아니다. 나아만의 삶 가운데 하나님을 인정한 모습을 격려한 것이다. 그는 문제가 해결되고 마음의 소원하는 바를 이뤘지만, 하나님의 도우심을 잊지 않았다. 응답받은 후, 하나님께 합당한 영광을 올려드렸다.

인생의 고비를 만나고, 고난의 한복판에 서 있을 때는 누구나 가난하고 간절한 마음으로 기도한다. 그러나 진짜 믿음은 문제를 해결 받고 난 이후에 드러난다. 사울과 다윗이 좋은 예다. 사울은 블레셋이 쳐들어왔을 때, 이기기를 간절히 바라며 기도했다. 그때 하나님은 응답하시고 다윗을 보내 승리하게 하셨다. 그러나 사울은 문제가 응답 됐을 때, 도우신 하나님의 은혜를 기억하지 못했다. 하나님 앞에 감사를 올려드리기보다 자신의 공로를 취하는 데 급급했다. 이런 사울은 점점 하나님과 멀어지고 결국 비극적으로 생을 마감한다. 그러나 다윗은 하나님의 도우심과 은혜를 기억하고 그에 합당한 영광을 올려 드렸더니, 그는 하나님께 붙들린 인생이 되었다.

누구에게나 말하지 못할 어려움이 있다. 그리고 그 문제가 해결되는 것은 중요한 일이다. 그러나 더 중요한 것은 문제가 해결된 뒤에 우리가 어떤 모습으로 서는가이다. 이때부터가 기도의 시작이다. 응답받은 후에 기도는 계속되어야 한다.

How

나를 가장 잘 아시는 하나님께 진실한 모습으로 기도합니다.

하나님.
내 인생이 떨기나무처럼 존재감 없고
아무도 주목하지 않으며
그저 버려지고 홀로 남겨진 인생같이 느껴집니다.
그때 하나님께서 불이 되어 떨기나무에 오셨듯이
나같이 보잘것없는 인생을 향해 오셔서
내 이름을 불러주시고, 나를 기억해주시고
먼저 내게 말 걸어주셔서 감사합니다.
그것으로 내가 하나님 앞에 기도할 힘을 얻습니다.

내게 일어나는 수많은 우연과도 같은 사건과 일상이
늘 기도의 제목이 되게 하시고
하나님과 대화하고 기도하는 시작이 되게 하여 주옵소서.
거룩한 척, 은혜로운 척, 아는 척, 경건한 척하지 않게 하시고
내 모습 이대로, 부족하면 부족한 대로
하나님 앞에 내 모습을 드리는 고백의 사람 되게 하소서.

때때로 기도하고 싶으나
어떻게 기도해야 할지 몰라서 주저합니다.
이렇게 해도 되는지, 어떻게 말해야 하는지 몰라서 주저합니다.
하지만 기드온의 말보다
거짓 없는 마음을 먼저 보신 하나님을 의지하며
나의 말보다, 외모보다, 거짓 없는 중심으로
주님께 기도하기 원합니다.
내 모습이 부끄럽다고 숨지 않게 하시고
진실한 중심으로 기도하게 하소서.

주님께 모든 마음을 드릴 때
그 빈 마음에 성령을 주셔서
날마다 주님과 동행하며 기도하는 인생이 되게 하여 주소서.
기도의 큰 인물로
기도 없이 살 수 없는 사람으로
하나님과 더 깊어지는 기도의 사람으로 나를 만들어 주옵소서.

예수님의 이름으로 기도합니다. 아멘.

어떤 사람에겐 부르짖음이 기도이고
어떤 사람에겐 하나님의 뜻을 분별하는 것이 기도이다.
신앙의 모습에 따라 기도에 대한 정의도 다르다.
그러나 기도에 대한 정의보다 더 중요한 것이 있다.
바로 기도를 '왜, 어떻게, 누가 하는가' 이다.
이것은 성경말씀을 통해 올바로 정립되어야 하며
그때, 우리는 더 높은 차원의 기도를 드릴 수 있다.
나의 뜻을 관철시키는 기도를 넘어 하나님의 뜻을 깨달으며
나의 뜻을 하나님의 뜻에 맞추는 기도를 할 수 있게 된다.
그러므로 제대로 기도하기 위해선
하나님을 올바로 알아야 한다.
올바른 기도의 모습을 보아야 한다.
우리의 모든 것을 다해 끊임없이 기도해야 한다.

> 자, 하나님께서 듣고 계신다.
> 묵상하고, 보고, 기도하라!

답은, 기도

글　　　김학중

2020년 4월 12일 1판 1쇄 펴냄
2020년 4월 15일 1판 2쇄 펴냄

펴낸곳　　도서출판 예수전도단
출판 등록　1989년 2월 24일(제2-761호)
주소　　　서울특별시 마포구 성지1길 7 (합정동)
전화　　　02-6933-9981 · 팩스 02-6933-9989
이메일　　ywampubl@ywam.co.kr
홈페이지　www.ywampubl.com

ISBN 978-89-5536-594-8

책값은 뒤표지에 있습니다.
잘못된 책은 바꾸어 드립니다.